VOL. 70

Dados Internacionais de Catalogação na Publicação (CIP)
(Câmara Brasileira do Livro, SP, Brasil)

Marshall, Leandro
O jornalismo na era da publicidade / Leandro Marshall. — São Paulo :
Summus, 2003. — (Novas buscas em comunicação ; 70)

Bibliografia.
ISBN 85-323-0834-1

1. Jornalismo 2. Publicidade. 3. Jornalismo – Linguagem I. Título. II. Série.

03-2448   CDD-070.4496591

Índices para catálogo sistemático:

1. Jornalismo e publicidade   070.4496591
2. Publicidade e jornalismo   070.4496591

Compre em lugar de fotocopiar.
Cada real que você dá por um livro recompensa seus autores
e os convida a produzir mais sobre o tema;
incentiva seus editores a encomendar, traduzir e publicar
outras obras sobre o assunto;
e paga aos livreiros por estocar e levar até você livros
para a sua informação e o seu entretenimento.
Cada real que você dá pela fotocópia não autorizada de um livro
financia um crime
e ajuda a matar a produção intelectual em todo o mundo.

O jornalismo na era da publicidade

Leandro Marshall

summus editorial

O JORNALISMO NA ERA DA PUBLICIDADE
Copyright © 2003 by Leandro Marshall
Direitos desta edição reservados por Summus Editorial

Capa: **José Henrique Fontelles**
Editoração Eletrônica: **Acqua Estúdio Gráfico**

Summus Editorial
Departamento editorial:
Rua Itapicuru, 613 – 7º andar
05006-000 – São Paulo – SP
Fone: (11) 3872-3322
Fax: (11) 3872-7476
http://www.summus.com.br
e-mail: summus@summus.com.br

Atendimento ao consumidor:
Summus Editorial
Fone: (11) 3865-9890

Vendas por atacado:
Fone: (11) 3873-8638
Fax: (11) 3873-7085
e-mail: vendas@summus.com.br

Impresso no Brasil

Odeio os indiferentes. Como Friederich Hebbel, acredito que viver significa tomar partido. Não podem existir apenas homens estranhos à cidade. Quem verdadeiramente vive não pode deixar de ser cidadão e partidário. Indiferença é abulia, parasitismo, covardia, não é vida. Por isso odeio os indiferentes.
A indiferença é o peso morto da história. É a bala de chumbo para o inovador e a matéria inerte em que se afogam freqüentemente os entusiasmos mais esplendorosos, o fosso que circunda a velha cidade [...]. Odeio os indiferentes também, porque me provocam tédio as suas lamúrias de eternos inocentes. Peço contas a todos eles pela maneira como cumpriram a tarefa que a vida lhes impôs e impõe quotidianamente, do que fizeram e sobretudo do que não fizeram. E sinto que não posso ser inoxidável, que não devo desperdiçar a minha compaixão, que não posso repartir com eles as minhas lágrimas. Sou militante, estou vivo, sinto nas consciências viris que estão comigo a pulsar a atividade da cidade futura, que estamos a construir [...].

Antonio Gramsci

*Estamos bem informados? Não exagero se
prognostico que o futuro da sociedade
humana depende da resposta a esta pergunta.*

Arnold Toynbee

*Deus sabe que não sou uma pessoa sedenta de sangue
e acredito ter uma enorme responsabilidade diante
de Deus; mesmo assim, estaria disposto a assumir
a responsabilidade em nome de Deus, dando a ordem
de disparar, desde que antes pudesse me certificar
de forma absoluta de que diante dos rifles não estivesse
um simples ser humano, uma simples criatura,
mas sim um jornalista.*

Soren Kierkegaard

Sumário

Prefácio 11

Introdução 15

1. O jornalismo pós-moderno 23

2. História econômica da imprensa 63

3. A era da publicidade 93

4. A queda do muro 119

5. A estética da mercadoria 145

Considerações finais 163

Referências bibliográficas 169

Prefácio

Desde um século e meio, mais ou menos, o jornalismo vem passando a fazer parte de uma indústria cultural que, hoje, se converteu em sistema onipresente na vida do homem contemporâneo. O caráter mercantil que sempre definiu a figura da notícia colou-se a ela de tal forma que, agora, é raro que a aceitemos se não nos for dado algo mais que informação e conhecimento em troca de nossa atenção e consumo.

O relato cotidiano dos acontecimentos de interesse público, conforme as normas de objetividade epistemológica, neutralidade axiológica e imparcialidade ideológica, é um bem em estado crítico. Buscado pelos profissionais mais sérios e defendido doutrinariamente pelos pensadores da atividade, origina-se de um paradigma cada vez mais questionado por uma sociedade entregue às paixões baratas e ao espírito leviano do consumismo de massas.

Leandro Marshall propõe-se neste *O jornalismo na era da publicidade* a apresentar as principais facetas envolvidas nessa mutação, sistematizar suas características tipológicas e refletir sobre seus motivos. Lançando mão de ampla e pertinente bibliografia, o autor chama a atenção, em boa hora, para o que está em jogo no estágio avançado de mercantilização das atividades jornalísticas. Concluído o processo que seu trabalho nos ajuda a visualizar de forma exaustiva, é bem possível que, falando em termos genéricos, passemos a nos situar em um ambiente cultural no qual não tenha mais lugar a figura do que viemos a conhecer como jornalismo.

A colonização das suas formas históricas de expressão pela atitude mercantil e por intermédio dos expedientes publicitários chega já ao ponto em que, aparentemente ao menos, matéria alguma escapa ao tratamento leve, divertido, espetacular ou sensacionalista. Conhecíamos a tendência à cobertura dos fatos políticos, por exemplo, ser feita com base em esquemas oriundos menos da atividade parlamentar ou da filosofia política do que da competição esportiva ou do ídolo musical. Atualmente, projeta-se um cenário mais radical, em que, quando focalizados, eles passam a ser vistos menos como fatos políticos, capazes de afetar a vida da coletividade ou, pelo menos, as relações de mando vigentes num contexto, do que como curiosidades envolvendo alguma tolice sem implicação ou a *performance* publicitária de certas personalidades de uma sociedade.

Possuidor de boa erudição e capacidade de observação crítica provocativa, Marshall contextualiza as atividades jornalísticas em meio à atmosfera pós-modernista emanada de um capitalismo à primeira vista triunfante em escala planetária. O processo de liquidificação espiritual por este promovido é examinado em sua interface com a imprensa, revelando-se em especial a maneira como suas rotinas e seu discurso não apenas dependem mas são progressivamente permeados pela atividade publicitária.

Envereda depois o autor pela caracterização do que, procedendo à construção de um tipo ideal, chama de modo ao mesmo tempo espirituoso e apropriado de jornalismo transgênico. Destaca-se então sua capacidade de evidenciar as facetas criadas na referida atividade com o avanço da forma da mercadoria pelos próprios elementos que definem a coleta, elaboração e difusão da informação cotidiana. Do "Quinhentismo" e da "Releasemania" à "Vitrine" e ao "Chamariz", é toda uma concepção prática de mundo que o leitor vê materializar-se cruamente onde ele, mais ou menos se enganando, supunha haver apenas a transmissão e/ou comentário de informações.

Fecha o trabalho uma reflexão de síntese em que a retomada da crítica à indústria cultural e da estética da mercadoria serve de pano de fundo para o anúncio da idéia de que, talvez, o jornalismo seja uma atividade social com seus dias contados. Submetido a um processo de cultivo transgênico, em que se deixa envenenar pela química publicitária, a prática viveria hoje uma perda de identidade e, assim, abriria espaço para o aparecimento de uma nova figura histórica.

Atividade em processo de mutação, o jornalismo estaria, cogita a hipótese o autor, transformando-se numa nova modalidade de comunicação, cujo futuro se liga ao desenvolvimento das novas tecnologias, mas também e sobretudo ao impacto do poderio econômico concentrado sobre nossas formas culturais de expressão e, portanto, também sobre os recursos com os quais elaboramos nosso conhecimento mais imediato da realidade.

Entregar ao leitor da obra essa linha de questionamento radical, mais do que propor uma conclusão fechada e definitiva sobre essa tendência, é sem dúvida um dos maiores méritos desta importante contribuição ao desenvolvimento dos estudos de jornalismo e à reflexão sobre o ser humano submetido ao império da indústria cultural numa era em que, apesar do falatório banal e desprezível em contrário, esta reina de modo incontestável, com pouca ou inexpressiva oposição.

Francisco Rüdiger

Doutor em Ciências Sociais (USP)
e professor da PUC-RS (Porto Alegre)

Introdução

Na virada do século XX para o XXI, o universo da comunicação e da informação está radicado no espaço da pós-modernidade: livre mercado, livre competição, marketização, estetização, virtualidade, niilismo, transcomunicação, *laissez-faire*, *laissez-passer*, pastiche, rede, ultraliberalismo, *just in time*, razão cínica, globalismo, supernada, pluralidade, cibertecnologias, hedonismo, velocidade, presenteísmo, simulacro, localismo, orgia semiótica, pós-história e fundamentalismos.

Essa é uma era caracterizada por mutações, hiperdiscursos e metalinguagens. É o espaço da anomia, da crise do sentido, dos vazios teóricos e, ao mesmo tempo, ambiguamente, do avanço da tecnologia, da transnacionalidade da cultura e da economia e da absolutização da ciência.

O regime de ultraliberdade contemporânea, erigido com o apogeu do neoliberalismo no século XX, flexibiliza as regras sociais, econômicas e políticas e institucionaliza o modelo de "vale-tudo" na sociedade, esvaziando e enfraquecendo os poderes e as linguagens estabelecidas, bem como criando um regime de ambigüidade e fragmentação universalizadas.

Politeísta, livre e iconocêntrica, a arena social descobre uma nova semântica e passa a observar a dialética entre a verdade e a falsidade, entre a objetividade e a subjetividade, entre a realidade e a virtualidade, entre a razão e o êxtase dos sentidos.

Os saberes mergulham numa racionalidade de próteses, ícones e ânsias, que antagonizam as formas e imagens, pluralizam os conceitos, refundam as ideologias, "desistorizam" a consciência e domesticam a própria razão.

O espaço da pós-modernidade torna-se, nessa grande síncope de extremos, uma esfera complexa de mutação, relatividade e transgenia. Assiste-se ao advento de uma raiz da indústria cultural, à erupção de ícones, à hegemonia de signos e fetiches, a uma teia de redes e tecnologias e à volatilidade absoluta de conceitos, gramáticas e paradigmas.

As certezas da modernidade dão lugar ao profundo e antagônico estranhamento do território pós-moderno, singular, antiteleológico, de vertentes e ontologias, onde o último homem de Fukuyama precisa pragmatizar a crise e a irracionalidade da razão e, incondicionalmente, adaptar-se a uma hiper-realidade cultural em novas e escorregadias verdades e universalidades.

Uma cultura que já vem pronta para consumo. O *locus* pós-moderno instala no hábitat social uma cultura híbrida, paradoxal e universal, mais profunda que a cultura ambivalente da modernidade. Essa mutação, simbiose da própria natureza humana, determina os conceitos e os significados de uma era sem nome. Formata, sobretudo, uma mutação sintetizada pelo capital para operar como ferramenta da civilização capitalista. Uma cultura feita com os valores e antivalores do capital.

Essa metacultura emergente desconhece limites ao mesmo tempo que contamina e modifica o próprio genoma da comunicação e da informação, caracterizados contemporaneamente pela mediação a distância, pela tecnologização, pela linguagem audiovisual, pela oligopolização, pela universalização em rede, pelo fenômeno das massas, pela estetização e pelos *fait divers*. Ela fabrica o senso de realidade e os modos de metabolizá-la e passa, em certa medida, a erigir uma nova e universal estética. Uma estética de signos, mais válida do que os valores arbitrários da modernidade, que não se submete a convenções. Uma estética que se superpõe às éticas da sociedade humana e nasce sob o signo da linguagem publicitária, encarregada de dar expressão à nova era.

A linguagem da publicidade pós-moderna torna-se a estética maior, o código que cola e dá sentido à realidade e às ações humanas e por onde se transmitem e se constituem os conceitos e os sentidos. Ela vira uma forma de vacina, antídoto ou nirvana para as agruras da pós-modernidade, uma espécie de Meca para onde se viram e rezam os membros da classe de "novos consumidores" de todo o mundo.

Esse processo de estetização cultural generalizada, que estetiza a própria ética e entroniza a publicidade, acaba subjetivizando os processos contemporâneos de comunicação e os modos de produção, transformação e circulação de uma informação tratada cada vez mais como mercadoria.

A cultura estética estrutura as empresas jornalísticas em unidades de produção e processamento capitalista, submetidas à ultralógica do mercado, da audiência e do lucro, e potencializadas para a metaprodução, o metaprocessamento e a metadistribuição dos signos da publicidade.

Nessa nova lógica, os produtos da indústria midiática indicam serem produzidos e vendidos com base nas máximas do *marketing* ultrapós-moderno que por sua vez industrializa e vende sabonetes, vassouras e guarda-chuvas, mas, mais do que isso, que condiciona a supra-engrenagem da sociedade de consumo pelo *marketing* da estética que industrializa e comercializa os gostos, os valores, os sentidos e as consciências dos próprios consumidores.

A nova estética universaliza e radicaliza a práxis de mercado e atinge a essência da imprensa, das notícias, dos noticiários, da informação e dos próprios jornalistas. As páginas dos jornais, telejornais, radiojornais e net-jornais incorporam as novas premissas e passam a relativizar os conceitos de verdade, de realidade, de conhecimento, de informação, de saber etc. Os discursos da publicidade e da estética, e junto com eles do sensacionalismo, da espetacularização, da carnavalização, da mais-valia, dos *fait divers*, inoculam o *ethos* do jornalismo.

Acossado diretamente por este "novo" paradigma cultural e pela ordem do mercado, o jornalismo pós-moderno transforma-se em um "jornalismo cor-de-rosa", marketizado, mercantilizado, estetizado e essencialmente *light*, um amálgama estético e capitalista, um instrumento-meio dos objetivos diretos ou indiretos do sistema e da lógica ultraliberal.

O jornalismo sofre mutações radicais e passa a ser constituído e normatizado pela ética da liberdade capitalista pós-moderna. A ética do capital penetra e se imiscui na imprensa com o poder de um *deux ex machina* da pós-modernidade. A antes imaculada linguagem do interesse público acaba tornando-se preferencialmente uma esfera de manipulações e licenciosidades. A imprensa passa, conseqüentemente, a falar a linguagem do capital.

Com tudo isso, a sociedade informacional parece assim virar um território essencialmente adorniano, baudrillariano e nietzschiano. A erupção dos vazios e dos sentidos e a fratura da realidade dão lugar ao panteísmo dos signos e das mercadorias, pluralizados por esse processo pós-histórico e estético da relativização.

Diante desse contexto, considerando as circunstâncias de uma realidade em mutação, esta obra pretende examinar e compreender como esse caldo de transformações pós-modernas, localizadas na transição de milênios, provoca as mutações no jornalismo, verificando o que a hegemonia do modelo neoliberal, o livre mercado, a nova ética da estética, as transformações provocadas pela mundialização, a onda de novas tecnologias, a expansão da publicidade e da propaganda e das doutrinas do *marketing* têm acarretado sobre o universo da linguagem jornalística.

Quais as modificações que o jornalismo sofreu desde seu nascimento? O que ainda é jornalismo e o que deste virou publicidade? Ainda há uma separação nítida? Qual o efeito da nova estética cultural? Qual o papel social que a imprensa desempenha hoje? O que é interesse privado e o que é interesse público no jornalismo? Está nascendo um novo paradigma?

Este trabalho foi desenvolvido mediante uma pesquisa bibliográfica nas principais obras clássicas e contemporâneas relacionadas ao campo do jornalismo e uma investigação empírica na mídia impressa da atualidade, estabelecendo-se conseqüentemente uma reflexão teórica no *corpus* da obra. Os pontos centrais da pesquisa bibliográfica abrangeram as transformações sociais, as mudanças da linguagem, a interpenetração de sentidos e significados, a miscigenação e a mutação de paradigmas do jornalismo e da publicidade.

Como ponto de partida metodológico, compreende-se que, no centro das investigações e análises, está o processo de dialética social, onde o homem e a sociedade vivem em permanente transformação, em permanente mudança. Conceitualmente, nada é estático e as obras e transformações na sociedade decorrem das forças históricas, econômicas e políticas. Portanto, essa investigação recorre necessariamente às bases conceituais desenvolvidas pela matriz marxista, pelo materialismo dialético e pelo materialismo histórico, que contemplam a sociedade como um organismo em constante mudança.

Alicerçado nos estudos de Karl Marx, e influenciado pelas contribuições da dialética de Hegel e de marxistas como Antonio Gramsci (hegemonia), Louis Althusser (aparelhos ideológicos do Estado), Herbert Marcuse (sociedade unidimensional), o materialismo histórico-dialético é uma ciência filosófica que se propõe a explicar os fenômenos da sociedade, da natureza e do pensamento, mediante as relações entre classes sociais, as relações de produção, o modelo de propriedade (privado/social), as dimensões ideológicas e a relação entre dominantes e dominados.

Ao contrário das concepções funcionalistas acríticas, o materialismo vai a fundo na problemática social. Procura analisar e entender o sujeito como elemento inserto em determinado modelo social, econômico, cultural, político, buscando explicações no contexto e na historicidade.

Pelo materialismo dialético, o mundo é explicado e compreendido mediante o choque, o conflito, a luta constante entre forças opostas, características da prática social. Karl Marx, o pai do materialismo, vê a sociedade como um organismo condicionado por forças produtivas, que impõem os modos de produção capitalista e deificam a mais-valia, estruturando todo o funcionamento da sociedade.

Por essa concepção, a doutrina materialista é, portanto, a que melhor e mais amplamente pode explicar as mutações sofridas e vividas contemporaneamente pelo jornalismo, pela imprensa, pelas notícias, pela informação e pelos jornalistas. O estopim da mutação jornalística é, nesse sentido, certamente o mesmo estopim que deflagra as mutações sociais.

Em decorrência desse enfoque, compreende-se ainda que o fator econômico tem sido a fonte propulsora de todos os fenômenos sociais. A economia é a matriz de onde irradiam as ações e interações políticas, sociais, culturais e comunicacionais do mundo. Dela derivam e derivaram as ondas que sacudiram e transformaram a humanidade e a face do planeta.

O determinismo econômico, matriz dos fenômenos sociais, está conseqüentemente na raiz do processo de mutação do jornalismo. A doutrina do livre mercado e a lógica do marketing e da publicidade, imperantes na sociedade da pós-modernidade, determinam a transgenia do campo jornalístico. Afinal, como parte da imensa superestrutura da sociedade, o jornalismo é apenas mais uma das tantas peças dessa ubíqua engrenagem econômica do capitalismo, um aparelho ideológico do sistema, que trabalha essencialmente para manter o equilíbrio e a ordem do sistema.

Com tal enfoque, esta obra procura, portanto, contribuir para o debate e para a investigação do que é, em essência, o jornalismo pós-moderno, sistematizando o conhecimento acumulado e pontuando os indicativos que referenciam o processo de mutação da linguagem. Compreendendo os elementos dessa transformação, poderemos talvez responder às demandas que buscam construir a idealizada e tão almejada sociedade justa.

Assim como todas as pesquisas ligadas às ciências humanas, esta obra autodesafia-se a refletir sobre fenômenos sociais sem incorrer em juízos de valor, teorias da conspiração ou reducionismos acadêmicos, que invalidem cientificamente as suas conclusões. Isso não significa também que não há engajamento social, já que a própria opção pelo olhar da Teoria Crítica e pela metodologia da reflexão indica um posicionamento científico prévio. Dizer que existem pesquisas sem engajamento é uma falácia baseada em premissas absolutamente falsas. Pesquisar é tomar posição, é assumir uma verdade preliminar e perseguir o seu desvelamento em todas as suas dimensões; afinal, como diz Antonio Gramsci, o próprio ato de "viver significa tomar partido".

Parece que a própria essência das teorias da Escola de Frankfurt é, *per si*, notoriamente um juízo da realidade, que não aceita o processo de industrialização da sociedade e denuncia a liquidação da cultura e da arte erigidas na modernidade e representadas pela Ilustração. Portanto, produzir uma reflexão acadêmica é *a priori* assumir a neutralidade, o rigorismo, o preciosismo e a fidelidade aos dogmas e aos axiomas da ciência, sem cair, por outro lado, em omissão, distanciamento acrítico ou falta de um compromisso social.

Essa é uma equação-chave no universo acadêmico. A produção de conhecimento com viés social, que seja ao mesmo tempo científica e ideológica. Dessa dialética, a ciência acaba extraindo a melhor possibilidade de verdade.

A obra está dividida em cinco capítulos. No primeiro, apresenta-se a realidade do ofício jornalístico nesta transição de milênios, epicentro de um cenário de transformações sociais, políticas, econômicas e culturais vividas pela humanidade. Será exibido o conjunto de mutações nos jornalistas, nos jornais, na informação, nas notícias e na imprensa em geral, provocadas pelo livre mercado, pelo neoliberalismo e pelo império da publicidade e do *marketing*.

No Capítulo 1, apresenta-se a realidade do ofício jornalístico nessa transição de milênios, epicentro de um cenário de transformações sociais, políticas, econômicas e culturais vividas pela humanidade.

O Capítulo 2 consiste numa leitura da história do jornalismo, vista sob o aspecto da introdução de inovações, técnicas e influências que foram transformando o jornalismo original. É feito um inventário das principais alterações ocorridas no jornalismo, nos jornais e nos princípios jornalísticos. Essa releitura da história do jornalismo procura mostrar as numerosas modificações feitas ao longo de quase trezentos anos de imprensa, mas também busca mostrar que tais modificações vêm sendo feitas devido à crescente submissão do jornalismo ao espaço de poder da publicidade.

O Capítulo 3 está centrado na radiografia do processo de hegemonização da publicidade sobre a sociedade mundial, caracterizando-a como uma decorrência da emergência da sociedade de consumo e de sua ideologia e retórica. Faz-se uma distinção epistemológica entre a publicidade e a propaganda e abordam-se as questões da linguagem e das estratégias da publicidade. Além disso, o capítulo revela como o processo de hegemonização da publicidade na sociedade mundial, com sua linguagem e estratégia, contamina e submete o jornalismo. Faz-se um relato das lógicas comerciais e publicitárias que condicionam a prática do jornalismo nas redações de hoje e os fatores que tornam a notícia e o jornal apenas mais uma mercadoria na sociedade de consumo.

O Capítulo 4 apresenta o processo de emergência de "derrubada do muro" que separa o jornalismo da publicidade e o surgimento de um novo gênero de jornalismo, o gênero cor-de-rosa. Num esforço de identificação e sistematização desse novo gênero, são apresentados os 25 tipos diferentes de cruzamentos e relacionamentos entre o jornalismo e a publicidade.

O Capítulo 5, último, discute a realidade do jornalismo atual, na ótica da Escola de Frankfurt, e dos pensadores mais contemporâneos, como Haug, Marcondes Filho, Albertos, Baudrillard etc. Esse trecho atualiza a ótica da indústria cultural à luz da pós-modernidade e dos condicionamentos do livre mercado e da ética da estética.

1
O jornalismo pós-moderno

> *Não compreendo que uma mão pura possa tocar num jornal sem uma convulsão de repugnância.*
>
> BAUDELAIRE

> *Diferentemente do que foi publicado no texto Artistas periféricos passam despercebidos, à pág. 5-3 da edição de ontem da Ilustrada, Jesus não foi enforcado, mas crucificado.*
>
> Seção "Erramos"
> *Folha de S. Paulo*

O universo da comunicação está no epicentro dos fenômenos sociais, econômicos e tecnológicos que sacodem a humanidade nessa transição de milênios. A mídia é o canal que veicula e transporta a ideologia da nova era, o neoliberalismo,[1] mas também é alvo desse processo de transformações.

O jornalismo,[2] em particular, é a linguagem que codifica e universaliza a cultura hegemônica e legitima a lógica do mercado. Os jornais, telejornais, radiojornais e net-jornais pulverizam os signos e ícones da nova era, desenvolvendo um novo estágio no processo de colonização cultural mundial, principalmente em relação às nações periféricas.

O mercado tornou-se referência e paradigma, liberalizando os dogmas que sustentavam os mitos e ritos. Na verdade, o neoliberalismo transformou o mercado em uma espécie de "totem social", para onde convergem os anseios e as expectativas da sociedade.

Acuado, o jornalismo vem curvando-se ao sistema, flexionando junto seus conceitos, valores, padrões e posicionamentos. Os princípios[3] da nova ordem neo-econômica provocam mudanças nas relações dentro das redações dos jornais, na interação do profissional com a sociedade, nas escolas de jornalismo, na hierarquia dos saberes, na dinâmica das mentalidades, no artesanato das notícias e no cotidiano do fazer jornalístico. Enfim, os traços do neoliberalismo estão em todas as áreas associadas ao campo do jornalismo.

Em conseqüência, a lógica do mercado parece estar provocando uma transformação generalizada dos padrões éticos, estéticos e culturais do universo da informação, reduzindo aparentemente o jornalismo a uma simples esfera de sustentação para interesses eminentemente comerciais.

A pressão do mercado tem produzido uma espiral de condicionamentos e constrangimentos que vem abalando os jornalistas e o campo jornalístico. Segundo Pierre Bourdieu (1997, p. 106), "o campo jornalístico está permanentemente sujeito à prova dos veredictos do mercado, através da sanção, direta, da clientela ou, indireta, do índice de audiência".

Fernando Correia atenta para o fato de que os fatores publicitários e comerciais conquistaram um tamanho espaço na imprensa, no rádio e na TV, que chegam hoje a ter mais força do que a própria informação. Para ele, "o jornalismo é apenas uma vertente de um mundo da comunicação social cada vez mais dependente da lógica do mercado, e nem os jornalistas são deixados pacificamente entregues às suas notícias nem são eles os únicos protagonistas que intervêm no campo midiático" (Correia, 1997, p. 17).

Segundo Ciro Marcondes Filho (1984, 1989, 1993, 2000), o jornalismo, em geral, é obrigado a atuar junto com grandes forças econômicas e sociais, o que faz com que uma empresa jornalística raramente fale sozinha. Para ele, o "jornalismo é ao mesmo tempo a voz de outros conglomerados econômicos ou grupos políticos que querem dar às suas opiniões subjetivas e particularistas o foro de objetividade" (Marcondes Filho, 1989, p. 11).

Milton Santos, em artigo publicado no jornal *Folha de S. Paulo*, em 1998, denunciou aquela que, para ele, talvez seja a rendição do jornalismo às forças do capital. Santos observa que, diante da tirania do mercado, a imprensa tornou-se "uma indústria frágil, impedida, exceto de forma residual e intermitente, de corresponder cabalmente ao seu papel histórico de ajudar a formar uma opinião pública independente".

Em sua dimensão global, o mercado controla uma produção oligopolística de notícias por meio das agências internacionais e nos apresenta o mundo atual como uma fábula. Em suas dimensões nacional e local, o mercado, agindo como mídia, segmenta a sociedade civil, influi sobre o fluxo e a hierarquia do noticiário e aconselha a espetacularização televisiva de certos temas, confundindo os espíritos em nome de uma estratégia de vendas adotada pelos jornais como forma de sobrevivência. O remédio, aqui, é um veneno, num círculo vicioso que acaba por ser o seu principal pecado. Estará a imprensa pecando em nome próprio ou em nome e em favor do mercado? O resultado é o mesmo. (Santos, 1997, p. 5.5)

A submissão do jornalismo e da imprensa à lógica do mercado foi demonstrada por uma pesquisa[4] desenvolvida entre 1992 e 1995 pelo pesquisador Manuel Carlos Chaparro sobre os principais *prestige papers* brasileiros e portugueses. O estudioso descobriu que a "manifestação da adesão do jornalismo brasileiro à lógica do mercado e do consumo é particularmente clara nos jornais de São Paulo, numa tendência que a *Folha de S. Paulo* lidera". Já nos diários portugueses foram verificados os sinais da ideologia do mercado em todos os jornais, menos no *Jornal de Notícias*, do Porto. "Nos três diários de Lisboa, o mais aberto à lógica do mercado e do consumo era o *Correio da Manhã*, mas com índices ainda discretos. Já nos suplementos, a adesão dos jornais de Lisboa ao discurso mercadológico foi bem mais ostensiva" (Chaparro, 1998, p. 132), depôs o pesquisador português.

Estudos e levantamentos revelam os traços de uma crise tanto conjuntural quanto estrutural, agudizada pela corrosão da credibilidade da opinião pública perante o conjunto dos jornais. A erosão dos padrões, conceitos e valores do jornalismo, decorrente da hegemonia do mercado, tem sido verificada sistematicamente por pesquisadores do universo da comunicação e áreas afins.

A American Society of Newspaper Editors, entidade que congrega 875 representantes dos principais jornais diários dos Estados Unidos, realizou em 1998 um levantamento que detectou os sinais da crise de padrões experimentada pelo jornalismo. Na etapa inicial, foram entrevistados 3 mil leitores e, a seguir, a investigação foi aprofundada com uma pesquisa qualitativa.

De acordo com os resultados, 78% das pessoas consultadas disseram crer que o poder político do governo, o poder econômico das empresas ou as pessoas ricas têm o poder de influenciar um jornal a construir ou omitir determinadas notícias, manipulando a seu belprazer os princípios da verdade e da realidade. Mais do que isso, metade dos entrevistados declarou que as decisões editoriais da imprensa são influenciadas diretamente pelos interesses dos anunciantes.

A pesquisa mostrou ainda que 78% dos entrevistados consideram o noticiário em geral tendencioso. Os argumentos mais usados pelas pessoas foram de que as notícias não são neutras a respeito dos fatos, favorecem determinados grupos sociais ou políticos e são moldadas para ser adaptadas a teses preconcebidas.

Entre os consultados, 21% declararam identificar erros nos jornais diariamente. E, em relação ao conteúdo das notícias, 80% declararam acreditar que o que define o espaço e o destaque dados a determinado assunto não é a sua importância e sim o potencial de espetáculo.

Outra pesquisa, dessa vez realizada pelo jornal francês *Le Monde*, revelou que os jovens franceses, na faixa etária dos 18 aos 34 anos, são extremamente céticos quanto à imprensa. Segundo o levantamento, 72% dos entrevistados crêem que a mídia impressa, jornais e revistas, aborda escândalos para inflamar as tiragens e as vendagens. E, em outra parte da pesquisa, 84% opinaram que os jornalistas não dedicam tempo suficiente para a verificação das informações.

Algumas investigações indicaram ainda que a queda na confiança da população na imprensa ao longo dos anos tem evoluído rapidamente. Segundo pesquisa desenvolvida pelo Pew Research Center, nos Estados Unidos, 55% dos americanos julgavam a mídia "objetiva" em 1985, enquanto apenas 34% recusavam-se a confiar nela. Menos de duas décadas depois, a situação se inverteu. Em 1997, 56% dos americanos achavam que os fatos transmitidos pela mídia são "muitas vezes inexatos" e apenas 27% ainda achavam a informação "objetiva".

Esse quadro revela nada mais do que a fratura e a severa ambigüidade que perpassam o quadro da imprensa contemporânea. Embora desempenhe uma função pública, a imprensa opera como empresa privada, com interesses e fins privados.

> No limite, torna-se incompatível a busca da rentabilidade por parte da empresa jornalística com a função de informar e ser um espaço minimamente democrático de debate. Sua lucratividade faz com que ela perca indepen-

dência, conforme passa a buscar maior rentabilidade, participando de outros ramos econômicos e, assim, passando a ter interesses materiais que limitam ainda mais a sua isenção. (Sader apud Halimi, 1998, p. 9)

O jornal moderno virou o que Ismar de Oliveira Soares (1996) chama de "Jornal Sem Palavras", já que prioriza a cor, as letras garrafais e a foto hiperdimensionada, em detrimento do conteúdo da informação. Howard Kurtz (1993) denomina essa nova linguagem de "jornalismo cor-de-rosa",[5] por estar estrategicamente preparado para não desagradar a ninguém, seja leitor, usuário, consumidor, cliente, dono, anunciante etc.

Esse modelo de jornalismo, desencadeado essencialmente pelo diário norte-americano *USA Today*, nos anos 1980, introduziu o hábito das páginas supercoloridas, os infográficos, *layouts* e *designs* mais arrojados, aumento da cobertura de esportes, notícias de comportamento, de moda e da previsão do tempo.

A cobertura das notícias mais sérias, que exige maior investigação e maior profundidade, foi trocada por notícias de entretenimento, que têm maior efeito sobre a audiência e custam bem menos à empresa.

No novo modelo, o jornalismo cor-de-rosa vive num regime de mimetismo e espetacularização, em que a regra é estabelecer elementos que atraiam compradores e investidores e mantenham, assim, a saúde financeira da empresa.

Com tudo isso, um novo paradigma começa a nascer no universo do jornalismo. A lógica do capital e do livre mercado flexibiliza o conceito e o processo do *newsmaking*[6] e a informação transforma-se em um campo de negociação e barganha de interesses, submetida às regras e às determinações do *marketing*[7] empresarial.

Desde a Segunda Guerra Mundial, as páginas adicionais dos jornais e revistas americanos médios têm sido projetadas principalmente para servir aos interesses dos anunciantes. A estratégia básica, quando do planejamento dos programas para a televisão comercial ou a cabo, não se volta primeiramente para aquelas que seriam as maiores necessidades e preferências do público, mas para aquilo que se percebe como sendo capaz de atrair anunciantes. Essa prioridade tornou-se mais intensa sob o domínio das corporações devido à sua maior insistência por lucros máximos e imediatos. (Bagdikian, 1993, p. 29)

Os sinais desse novo paradigma espalham-se e contaminam jornais, notícias, informações, jornalistas, jornalismo e as empresas jornalísticas. O ambiente no campo da informação passa a ser o de "antropofagia". A informação deixa de ser comunicação. Os dogmas sagrados da verdade, objetividade e imparcialidade atravessam um processo silencioso de relativização e licenciosidade.

Em um artigo publicado no jornal semanal inglês *New Statesman*, de 22 de maio de 1998, Nick Cohen, colunista do *Observer*, de Londres, chegou a anunciar a "morte das notícias". Para ele, o jornalismo contemporâneo se tornou uma mera crítica de costumes, sem nenhum efeito de impacto. Cohen afirma que:

> Desde os anos 50 e 60, as verdadeiras notícias – fruto do trabalho de reportagem e investigação – perderam espaço e valor. Foram e estão sendo substituídas pelas opiniões dos colunistas, pelas indiscrições sobre a vida privada das pessoas célebres e pelo jornalismo de costume. O jornalismo de costume é aquelas matérias, mais ou menos baseadas em questionários ou entrevistas, que anunciam que pegureiros gregos desconhecem enfarte, loiro goza melhor da vida, quem tem dois cachorros casa com dificuldade e por aí vai. (Apud Calligaris, 1998, p. 5.12)

O jornalista inglês Alan Riding, correspondente na Europa do *The New York Times*, disse no Rio de Janeiro em 1997, durante o Fórum Internacional sobre Jornalismo, que a "dominação dos meios de comunicação por grandes interesses financeiros está substituindo o 'jornalismo sério', que procura mudar a sociedade, pelo *show business*".

O teórico espanhol José Martínez Albertos, um dos mais severos críticos da imprensa, chegou a prever a morte dos jornais impressos em 2020, além da própria desaparição do jornalismo, como linguagem. Diz ele:

> Não só desaparecerão os diários impressos, os periódicos convencionais que conhecemos e amamos. Provavelmente também desaparecerá com eles o jornalismo. E com o jornalismo pode desaparecer também o atual conceito sobre liberdade de imprensa e o respeito religioso pelo direito dos cidadãos a uma informação tecnicamente correta, entre outros valores da modernidade. (1997, p. 31)

Diante desse cenário, tornou-se corriqueiro no meio acadêmico afirmar que o jornalismo atual perdeu completamente o vigor e a virilidade existentes nas veias dos jornalistas e nas páginas dos jornais até meados do século XX. O jornalismo engajado, idealista, revolucionário, palco de lutas ideológicas e debates sociais, latente nos séculos XVII, XVIII e XIX, teria dado lugar hoje a um jornalismo amorfo, insípido e vazio.

> Antigamente, o jornalismo era um tipo de ação política visando alterar o quadro de forças sociais a partir do debate de ideologias e visões de mundo. Havia a política, o engajamento, as utopias socialistas, a bandeira do liberalismo, a intenção de educação de massas, a chama do debate público, do cidadão consciente e responsável. Antigamente havia a história a se fazer e a meta onde chegar. Antigamente havia homens [...].
> O jornalismo da nova era está sintonizado com o novo papel das comunicações e com a supressão dos fatos que marcavam o calor, o entusiasmo, a determinação de nossos antepassados. Ele hoje não traz mais o conflito, a polêmica, a discussão, o choque de idéias. Sua função é harmonizar como a freqüência modulada de consultórios. (Marcondes Filho, 1993, p. 52)

Segundo dados de 1993, no mundo são publicados aproximadamente 60 mil periódicos, com uma tiragem em torno de 500 milhões de exemplares. Essa indústria da mídia impressa revela publicamente, entretanto, os sintomas de sua crise, refletida na queda no número de leitores habituais e no correspondente desinteresse das novas gerações pelos jornais.

Entre 1970 e 1997, o porcentual de leitores de jornal nos Estados Unidos caiu de 78% para 59%; e, entre 1993 e 1998, o porcentual daqueles que assistem regularmente a um telejornal à noite despencou de 60% para 38% (Ramonet, 1999, p. 14).

Comparando o crescimento da população com o universo de consumidores de jornais, os números são ainda piores. Entre 1970 e 1990, a população acima de dezesseis anos nos Estados Unidos cresceu 44,1% e a circulação diária dos jornais subiu apenas 0,1% (Lins da Silva apud Dines, Vogt, Marques de Melo, 1997, p. 30).

"Na França, apenas 19% da população lê um jornal nacional; e esses leitores diminuem constantemente; no período 1995-1996, os jornais nacionais perderam 300.000 leitores" (Ramonet, 1999, p. 138).

Dados sobre a circulação de jornais nos Estados Unidos no período 1850-1986, apresentados por De Fleur & Ball-Rokeach (1993, pp. 75-6), revelam um vertiginoso declínio do veículo a partir do século XX. Segundo tais dados, o apogeu do jornal sobre a população norte-americana aconteceu em 1920. De lá para cá, o número de assinaturas vem caindo ano após ano.

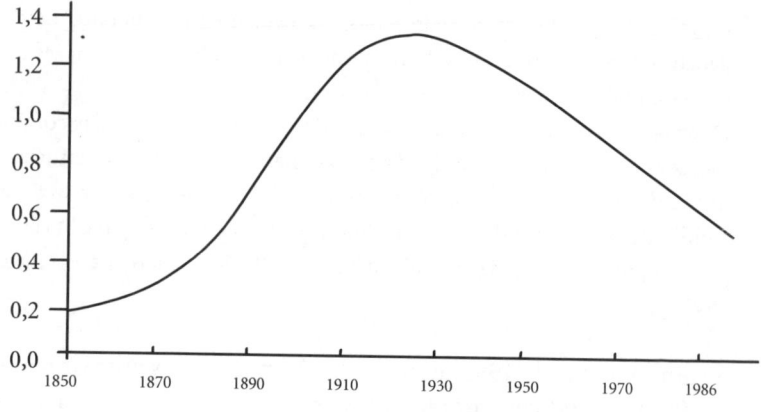

Curva de difusão acumulada para jornais diários: assinaturas por residência. Estados Unidos (1850-1986)

Fonte: De Fleur & Ball-Rokeach, 1993, p. 75.

A perda de importância dos jornais para a sociedade fica ainda mais caracterizada quando se conhece o caso registrado na cidade de Pittsburg, Estados Unidos, entre maio e dezembro de 1992. Durante esses oito meses, a cidade localizada na Pensilvânia (370 mil habitantes, capital mundial do alumínio, três universidades, seis estações de TV, 25 de rádio, um aeroporto internacional moderno) ficou sem seus dois jornais diários por causa de uma greve de caminhoneiros. O *Pittsburgh Press* e o *Pittsburgh Post Gazet* tinham uma circulação diária conjunta de 363 mil exemplares, que subia para 556 mil aos domingos.

> Nas primeiras semanas houve um acentuado declínio na audiência de cinema e teatros, e na freqüência a restaurantes e bares. Mas, em menos de um mês, a vida da cidade voltou ao habitual. A informação provida pelos jor-

nais passou a ser veiculada por outros meios. [...] Depois da greve, o *Pittsburgh Post Gazet* foi obrigado a fechar e a circulação do *Pittsburgh Press* diminuiu em 20%. Para boa parte dos habitantes de Pittsburgh, a existência de jornais se comprovou dispensável. (Lins da Silva apud Dines, Vogt, Marques de Melo, 1997, p. 30)

Em síntese, a realidade da transição do jornalismo clássico[8] para o jornalismo da era do neoliberalismo pode talvez ser resumida em cinco perspectivas: a mutação dos jornalistas, a mutação da informação, a mutação do jornal, a mutação do jornalismo e a mutação da imprensa.

A mutação dos jornalistas

Em geral, os comunicadores no mercado de trabalho são jovens, incautos, sem vivência e idolatram a *life-stile* internacional. Possuem um nível cultural baixo e, por isso, viram reféns fáceis do senso comum e do ideário neoliberal. Recebem baixos salários, têm duplo ou triplo emprego e, o que é muito comum, trabalham em condições profissionais precárias.

O professor Ted J. Smith III, da Universidade da Comunidade das Nações da Virgínia, nos Estados Unidos, afirma que os jornalistas estão hoje muito aquém do que se espera deles como profissionais da informação e como críticos sociais e políticos. Isso se dá, segundo ele, por quatro aspectos:

1) o exercício jornalístico é basicamente uma atividade de escasso rigor intelectual e com marcante tendência à simplificação;
2) os jornalistas carecem de conhecimentos técnicos adequados para a maior parte das questões complexas da vida atual;
3) o trabalho jornalístico se executa sem a reflexão e o sossego que são desejáveis em um adequado trabalho crítico;
4) é evidente a falta de uma atitude judiciosa e equilibrada na maior parte dos jornalistas, que renunciam a fazer um balanço dos dados positivos e negativos para reduzir-se unicamente a uma esquemática e simplificada enumeração de defeitos aparentes sem sinalizar as causas. (Smith apud Albertos, 1997, p. 71)

No fundo, o exercício cotidiano de empilhar o *lead* e a pirâmide invertida faz com que o jornalista perca a sensibilidade e a percepção para as sutilezas e os meandros da realidade que envolvem a notícia e exercite mecânica e acriticamente uma tarefa tão vital para a sociedade.

O jornalista pós-moderno transformou-se numa máquina de produção de informação, um operário com demandas estipuladas e prazos de entrega a cumprir. Afinal, as redações dos jornais contemporâneos adotaram processos fordistas e tayloristas[9] de produção de notícias, obrigando o jornalista a ser uma peça maleável capaz de se adaptar a variadas necessidades e situações. "Ele deve ser uma peça que funciona bem, acoplável a qualquer altura do sistema de produção de informações. A eficiência sobrepõe-se à questão da qualidade (originalidade, personalidade) do texto" (Marcondes Filho, 1993, p. 109).

De forma geral, o jornalista da era pós-moderna anula o senso crítico e a capacidade de reflexão e permite-se o ato de submeter o *lead* e a pirâmide invertida à lógica do mercado. Por isso, o jornalista passa, consciente ou inconscientemente, a se defender e a defender seu emprego, seu salário, sua sobrevivência. Ele se rende à invisível censura do mercado e estabelece a própria autocensura. O jornalista perde silenciosamente sua autonomia, consciente ou inconsciente, e desempenha mecanicamente as operações que dão forma ao universo da informação.

> A crescente submissão a um mercado regido pela lei dos mais fortes, o exacerbamento da concorrência, as políticas de proteção aos (grandes) privados e de subalternização do setor público, implicam que a empresa, no seu conjunto, e os jornalistas trabalhem reforçadamente com um fito prioritário e obsessivo: a conquista de um lugar privilegiado no mercado, a subida das vendas/audiências e o aumento da publicidade. (Correia, 1997, p. 229)

Nesse contexto, o jornalista pós-moderno vira refém de uma lógica avessa ao interesse da informação, mas simpática aos interesses da empresa e do mercado. Pierre Bourdieu identificou, por trás desse fenômeno, o nascimento do que ele denominou "mentalidade-índice-de-audiência".[10]

> Há, hoje, uma "mentalidade-índice-de-audiência" nas salas de redação, nas editoras etc. Por toda parte, pensa-se em termos de sucesso comercial. Há apenas uns trinta anos, e isso desde meados do século XIX, desde Baudelai-

re, Flaubert etc., no círculo dos escritores de vanguarda, dos escritores para escritores, reconhecidos pelos escritores, ou, da mesma maneira, entre os artistas reconhecidos pelos artistas, o sucesso comercial imediato era suspeito: via-se nele um sinal de comprometimento com o século, com o dinheiro. Ao passo que hoje, cada vez mais, o mercado é reconhecido como instância legítima de legitimação. (1997, p. 37)

O jornalista contemporâneo, segundo Bourdieu (1997, p. 106), é aquele que, submetido à "mentalidade-índice-de-audiência", curva-se sem culpa diante dos desejos e das vontades do patrão, do leitor, da sociedade, do mercado e do capitalismo. Em último lugar vem a informação.

Pressionado pelos interesses do modelo capitalista, o jornalista acaba incorporando e mentalizando esse modelo. Isso se torna tanto uma prática de produção como uma concepção de ação.

Um retrato dessa realidade é a obra *Os novos cães de guarda* (1998), de Serge Halimi, que mostra os jornalistas que defendem com subserviência e prazer os interesses empresariais ou do Estado. Nessa obra, o escritor francês mostra esse novo "caráter" da imprensa e testemunha que, "de fato, a informação tornou-se efetivamente um produto como outro qualquer, suscetível de ser comprado e vendido, rendoso ou dispendioso, condenado logo que deixa de ser rentável" (Halimi, 1998, p. 17).

Acaba assim a censura explícita e escancarada, determinada por um regime político. A nova censura e autocensura são quase sempre includentes e compulsórias. A mentalidade individual está presa a uma mentalidade coletiva superior, que Ignacio Ramonet qualifica como uma censura infinitamente mais incisiva. Diz ele que

[...] atualmente a censura não é mais tão visível. Grandes esforços de reflexão são necessários para chegar a compreender sobre que mecanismos novos ela funciona. Não é mais possível contentar-se em acreditar na tese do complô, onde um comitê secreto traçaria todos os artifícios; a realidade midiática é muito mais complexa. (Ramonet, 1999, p. 50)

Bernardo Kucinski ressalta, inclusive, que

[...] não é fácil de caracterizar a autocensura porque ela se confunde com mecanismos sistêmicos de censura inerentes ao processo social de construção da notícia e ao modo pelo qual o jornalista estrutura seu saber. Os mecanismos sistêmicos, ou filtros (para usar a expressão de Noam Chomsky), interagem e se reforçam, imprimindo ao noticiário um determinado padrão de construção de consenso. (1993, p. 51)

Sem nenhum constrangimento, o empresário brasileiro Roberto Civita confessa que o editor ideal para trabalhar em suas empresas é aquele que tem vocação para ser um "editor-empresário". Não basta, na sua opinião, que o profissional da informação tenha sensibilidade jornalística, ele precisa ter também sensibilidade empresarial.

> O verdadeiro editor é aquele que consegue manter o equilíbrio entre ser jornalista e ser empresário competente. O jornalista focaliza, como vocês sabem, essencialmente o conteúdo da publicação ou do meio em que trabalha, preocupado com seu público. O empresário está preocupado em fazer com que a empresa funcione, que ela seja bem administrada, eficiente, competitiva e que, se possível, dê lucro. (Apud Dines, Vogt & Marques de Melo, 1997, p. 52)

Nesse universo de tensões e mutações, a profissão jornalística acaba se revelando como uma atividade em profunda crise de identidade. O jornalismo pós-moderno que se alimenta pela lógica do capital, do *marketing* e da publicidade secundariza a missão de informar e, assim, toda a profissão perde seu centro de gravidade.

A própria técnica funcionalista, herdeira do positivismo, que impõe a produção do *lead* e da pirâmide invertida de maneira direta, objetiva e absolutamente imparcial, acaba estruturando um modelo de *newsmaking* radicalmente diferente do processo de produção jornalística clássica. Agora, o modo de produção não tem impressões digitais. O autor, a testemunha do fato, o narrador, isto é, o jornalista, deve ficar o mais distante possível da informação.

De certa forma, o "sistema" capitalista criou uma estrutura de funcionamento tão perfeita na indústria da informação que fez com que o jornalista seja já um elemento supérfluo, descartável no processo.

> Pergunta-se pelo futuro dos jornalistas. Eles estão em vias de extinção. O sistema não quer mais saber deles. Poderia funcionar sem eles, ou digamos que ele consente em trabalhar com eles, confiando-lhes, porém, um papel secundário: o de funcionários na rede, como Charlot em *Les temps moder-*

nes. Em outras palavras, rebaixando-os ao nível de retocadores de transmissões de agência. (Ramonet, 1999, p. 51)

O francês Yves Mamou, autor do livro *A culpa é da imprensa* (1992), afirma, inclusive, que, além de perder o seu papel e o protagonismo no campo da informação e da comunicação, os "jornalistas pós-modernos" já não são nem mais os "mentores" da informação que circula na sociedade.

> Será a informação perigosa demais para ser deixada à apreciação exclusiva dos jornalistas? Políticos e empresários se convenceram disso. Já que não podem censurar, procedimento fora de moda e ineficaz, tentam instrumentalizá-la. Se a força dos meios de comunicação é a de tocar os alarmes, pelo menos que esse barulho sirva a nossos interesses políticos ou comerciais, pensam eles.
>
> Apoiados em uma forte indústria de comunicação (as empresas especializadas em relações públicas já são centenas), empresários, personalidades e políticos trabalham para transformar a imprensa em simples distribuidor de uma informação fabricada em outros lugares. (1992, p. 61)

Pode-se considerar que o desenvolvimento dessa técnica da pirâmide invertida,[11] nos Estados Unidos, berço da Escola Funcionalista,[12] veio a atender exatamente a necessidade dos empresários do universo da comunicação a partir do século XX de retirar das mãos dos jornalistas o comando do processo de *newsmaking*. A emergência da sociedade industrial, que trouxe junto a sociedade de massas e a sociedade de consumo, precisava estabelecer um processo anônimo, integrado e funcional na produção de notícias, eliminando "humores" e "opiniões" adversas a um processo essencialmente industrial. A informação tornava-se um bem precioso demais para ser manipulada livremente pelas redações.

No novo modelo, as notícias precisaram passar a ser produzidas na concepção de um jornalismo cor-de-rosa que compreendesse e se curvasse ao capitalismo. Isso acabou abrindo espaço para o nascimento de uma imprensa assumidamente capitalista e conduzindo ao fim do ciclo da imprensa ativista, política e ideológica.

Todavia, não bastassem essas circunstâncias, os jornalistas pós-modernos vêem-se também às voltas no limiar do terceiro milênio com o enxugamento dos espaços ocupados pela profissão devido à concorrência dos computadores, pelo advento da interatividade e pela possibilidade real do fim da mídia impressa, diante da emergência das novas tecnologias digitais. Essas realidades tensionam ainda mais o ofício e arranham o já alquebrado *status* da profissão.

Todos esses fatores têm tornado a profissão jornalística cada vez menos atraente, já que não desperta mais tanto o interesse das novas gerações, caindo no *ranking* das funções de prestígio na sociedade. Em muitos países, o ofício de informar começa a configurar-se como uma profissão marginal na sociedade.

Os poucos remanescentes da era do jornalismo ideológico, politizado e ativista,[13] integrantes de uma espécie de movimento de resistência contra o rolo compressor do jornalismo pós-moderno, produzem ainda uma informação qualificada e diferenciada que, diante da hegemonia capitalista, acaba caindo na vala comum da indústria da mídia mundial. Essa produção fica restrita a um nicho da sociedade, à minoria intelectualizada que já faz parte do próprio movimento de resistência contra o modelo econômico hegemônico. A voz desse segmento da imprensa é abafada pelo modo de produção capitalista e pelo modo de produção jornalística *light*, colorido, visual, acrítico e, sobretudo, cor-de-rosa.

A mutação da informação

O processo generalizado de erosão dos paradigmas na era pós-moderna provoca a mutação do conceito de informação. Esta deixa de significar a representação simbólica dos fatos para se apresentar como um produto híbrido que associa ora publicidade, ora entretenimento, ora persuasão, ora consumo. Perde-se o sentido denotativo do conceito para se passar a um estágio fractal. A informação vira um veículo de transporte para várias e subjetivas intenções, deixando muitas vezes de cumprir sua missão imanente de informar.

Na perspectiva da Escola de Frankfurt,[14] a emergência da indústria cultural reduz a informação a mera mercadoria, livremente negociada no supermercado da cultura de massa. A engrenagem da indústria cultural passa prioritariamente a pasteurizar e embalar as notícias, adaptando-as ao gosto dos consumidores. A cultura, antes dita imaculada e abençoada pela aura da verdade, vira, na pós-modernidade, desinformação, alienação, confusão, fragmentação e irrealidade, como indicam os frankfurtianos Theodor Adorno, Max Horkheimer, Herbert Marcuse, Walter Benjamin, e seus discípulos, como Herbert Schiller, Ben Bagdikian, Ignacio Ramonet etc.

> A informação se tornou de verdade e antes de tudo uma mercadoria. Não possui mais valor específico ligado, por exemplo, à verdade ou à sua eficácia cívica. Enquanto mercadoria, lá está em grande parte sujeita às leis do mercado, da oferta e da demanda, em vez de estar sujeita a outras regras, cívicas e éticas, de modo especial, que deveriam, estas sim, ser as suas. (Ramonet, 1999, p. 60)

A notícia[15] que jorra hoje nos noticiários de TV, rádio, jornal ou internet, em todo o globo, apresenta-se apenas como uma casca. A informação não é ativa, não possui as causas e os porquês, não é incendiária nem mobilizadora. Como uma mercadoria, ela não tem o objetivo de despertar o sujeito e, mesmo que mostre os sinais de corrosão do sistema, não distribui os elementos necessários para a cristalização de uma opinião crítica e contestadora.

Além disso, embora não possa esconder e negar essa corrosão do sistema, a própria edição fragmentada e desconexa dos noticiários, em forma de uma cultura-mosaico, trata de tranqüilizar o consumidor, induzindo-o à compreensão de que tudo está em ordem e em equilíbrio. Afinal de contas, nessa lógica, nada pode afetar o sistema. Ao contrário, tudo deve beneficiá-lo.

Hoje, a informação passa por um processo de maquiagem, mutação, relativização ou deturpação. Pressionado pelo *deadline*,[16] pela necessidade do furo, pela produção industrial de notícias, pela competição do mercado, pela sobrevivência no emprego, o jornalista acaba sendo tentado muitas vezes a manipular dados e informações.

Ciro Marcondes Filho (1993, p. 63) afirma que, diante das transformações da sociedade, "o jornalismo, para sobreviver, apela para a indústria imaginária de notícias. Criam-se fatos, forjam-se notícias, estimulam-se polêmicas fictícias, constrói-se o conflito em laboratório. O estúdio de TV, a cabine de rádio, a redação do jornal, deixam de ser meios de transmissão de fatos e tornam-se eles mesmos os produtores de mundos".

A falta de objetividade e a busca do sensacional têm como corolário inevitável a manipulação. Para a opinião pública, a questão é clara: é a imprensa que manipula. Mas, como sempre, a realidade é mais complexa. De fato, três casos podem se apresentar: a manipulação montada conscientemente por um jornalista, a intoxicação generalizada, e a manipulação involuntária, quando um jornalista é usado por um terceiro. (Mamou, 1992, p. 143)

Segundo Manuel Piedrahita, manipular a notícia é hoje norma geral. Para ele, algumas vezes, a manipulação acontece de forma deliberada, intencional, mas, em muitas ocasiões, manipula-se a notícia inconscientemente.

> A manipulação da notícia começa na seleção. De fato, acontece que dois jornais assinantes da mesma agência noticiosa dão aos seus leitores uma visão diferente do acontecimento. Se assim é partindo de uma só agência, o resultado é mais eloqüente partindo de um mesmo acontecimento através de duas ou mais agências. Cada jornal escolhe a notícia atendo-se ao seu público. Deste modo, o jornal considera como verdadeiro o que o seu público também crê verdadeiro. (1993, p. 156)

No trabalho de Juan Somavia, apud Guareschi (1991), os critérios para seleção e divulgação de informações, utilizados pelas agências de notícias na atualidade, são baseados em valores espúrios:

> [Estes critérios] são, consciente ou instintivamente, baseados nos interesses políticos e econômicos dos sistemas transnacionais e nos interesses dos países em que esses sistemas transnacionais estão localizados. [...] Informações que tratam de mostrar como os elementos cruciais do sistema raramente funcionam são acentuadas e realçadas, ao passo que informações que impliquem certo criticismo, ou necessidade de mudanças na situação atual das coisas, são cortadas ou esvaziadas em sua importância. [...] O uso de rótulos, adjetivos e definições de conotação negativa, para estigmatizar objetivos de determinados países em mudança, é outra tática empregada. [...] A distorção das notícias tornou-se uma prática regular da informação internacional. A distorção não significa, necessariamente, uma falsa apresentação dos acontecimentos, antes uma seleção arbitrária e uma apreciação facciosa da realidade. (Guareschi, 1987, p. 62)

Qualquer consumidor de sentidos da mídia contemporânea pode observar que o que a imprensa reproduz hoje não retrata a realidade, mas representa um exercício sutil de construção da realidade. Os meios de comunicação, mediante suas hierarquias e seus critérios de noticiabilidade, lingüísticos ou políticos, medeiam e filtram os acontecimentos de acordo com as suas intenções, ideologias ou seus interesses. Os fatos do cotidiano são escolhidos em uma seleção subjetiva e trabalhados a favor do sentido preferencial dado pelo meio. No fim, os dados acabam passando por uma codificação sempre dirigida, o que conduz o consumidor a uma interpretação extrajornalística.

De certa maneira, o discurso da objetividade, da imparcialidade e da neutralidade informativa está hoje relegado apenas ao discurso mercadológico das empresas e aos manuais funcionalistas. A idéia de um jornalismo preso ao objeto deu lugar a um jornalismo do sujeito, só que do sujeito do *marketing*.

> Nos anos 1950, os jornalistas, com raras exceções, assumiram a pregação da imparcialidade como princípio ético e moral do jornalismo, embora praticassem exatamente o contrário. Há muito, Nelson Werneck Sodré ensinava que o jornal é menos livre quanto maior for como empresa.
> Se não há liberdade, não há verdade. Tal referência deve-se à apropriação, em termos econômicos, do conteúdo do veículo de comunicação. A informação, como mercadoria, não é do repórter, mas dos proprietários da empresa de comunicação, a qual está sujeita a muitos interesses e pressões. Isso não torna o veículo necessariamente conservador. Pode mesmo ousar, inovar para manter e ampliar sua presença no mercado.
> A notícia é pois uma versão de um fenômeno social, não a tradução objetiva, imparcial e descomprometida de um fato. Qualquer redator ou relator de um fato é parcial, inclusive ao escolher o melhor ângulo para descrevê-lo, como se recomenda nas redações. É aí que observamos a discrepância entre o discurso dos profissionais de imprensa e, principalmente, dos veículos, e o resultado final de seu trabalho. (Lustosa, 1996, p. 17)

Outra causa do processo de corrosão universal da informação está no fato de que a mídia mundial adotou como modelo-padrão a técnica da pirâmide invertida na produção de notícias. Essa fórmula[17] acaba valorizando sempre o diferente, o estranho, o anormal e o negativo, destacando e ampliando assim focos isolados e minoritários de uma realidade complexa.

As páginas dos jornais, dos telejornais, dos net-jornais ou dos noticiários de rádio, estão recheadas permanentemente com descrições de acontecimentos violentos ou trágicos, desgraças, guerras, atentados, prejuízos financeiros, quebras de empresas, crises ou erros de governos, fofocas e mexericos sociais, escândalos, negociatas de bastidores políticos, mortes espetaculares em acidentes, feitos heróicos, pecados cometidos por ídolos ou artistas fabricados pela própria comunicação de massa, mesmo que esses acontecimentos não retratem fiel e integralmente a realidade de determinado país ou de uma comunidade. O que importa, segundo a lógica da pirâmide invertida, é exaltar fatos que façam o leitor comprar e ler o jornal.

Essa arquitetura da pirâmide invertida pode ser encontrada diariamente, já que seu método é considerado praticamente um processo único, elementar e indiscutível do fazer jornalístico. A pirâmide também tem sido a fórmula quase exclusiva de alfabetização jornalística utilizada pelas faculdades de jornalismo do mundo ocidental.

Adorada e idolatrada mundialmente por professores funcionalistas, a pirâmide invertida constitui uma verdadeira bíblia para a catequização dos jornalistas, que perdem assim a perspectiva crítica do papel social do profissional de comunicação.

Como a formação profissional é voltada para difusão e reprodução acrítica das notícias, os próprios jornalistas não se dão conta de que, muitas vezes, seguem um modelo absolutista e totalitário de mediatizar e reconstruir a realidade, influenciando diretamente a visão e a concepção que os povos terão de si próprios e do mundo que os cerca.

Por ser uma fórmula "matemática" e "tecnicista", a pirâmide invertida engessa a realidade, construindo uma visão distorcida, fragmentada, protética, artificial, imaginária e ilusória. Faz isso espetacularizando e manipulando fatos, que acabam provocando a banalização de dramas e mazelas e desviando a atenção de problemas graves de uma comunidade.

Em vez de desnudar os fatos, a pirâmide invertida acaba aprisionando a informação dentro da camisa-de-força em que se transforma a notícia. O *lead* serve, assim, muito mais para esconder do que para revelar.

A mutação do jornal

Tidos como filtros dos acontecimentos sociais e, por isso, como mediadores da realidade, os jornais também atravessam nessa transição de milênios um silencioso processo de mutação. O conceito clássico de jornal[18] está sendo lentamente flexibilizado, constituindo silenciosamente um novo paradigma na produção e na transmissão de informações.

Por pressões do mercado, cada vez mais o jornal perde sua mácula e passa a transmitir os interesses que cercam a informação e seus atores, num regime de licenciosidade e relatividade até então proibidos no jornalismo.

É lógico que as notícias sempre foram marcadas pelos mais diversos interesses econômicos, como já demonstraram Marcondes Filho (1984, 1989, 1993, 2000), Medina (1978), Bagdikian (1993), Correia (1997), Albertos (1997), Ramonet (1999), Halimi (1998) etc. Toda a informação está sempre condicionada pelo sistema econômico e cultural que a produz, o que faz com que o jornal seja no mundo ocidental, naturalmente, um reflexo do modo de produção capitalista.

A contaminação e a deterioração do conceito clássico de jornal diz respeito aqui, sobretudo, à promiscuidade existente entre informação e propaganda, em que as notícias dos jornais perdem sua missão precípua de reportar e passam a carregar os interesses de propagandear produtos, idéias ou personagens, numa radical inversão de valores. Uma publicidade que não é mais implícita, como é natural em todos os processos lingüísticos que transportam principalmente ideologias, mas uma propaganda explícita, que se antepõe ao papel prioritário de informar.

Essa informação-publicidade se irradia e contamina os jornais impressos, telejornais, radiojornais e net-jornais. Não mais satisfeitas em ocupar os espaços próprios para a linguagem publicitária, as propagandas chegam a "pular o muro" e invadir o território da informação, provocando uma forma mestiça de comunicação.

Numa visão mais ampla, essa rendição do jornalismo às forças do mercado faz parte do fenômeno da globalização e da ideologia universal do *laissez-faire*[19] e do *laissez-passer*,[20] que transformam o cenário econômico em todo o globo. Os Estados, os mecanismos de regulação social e os instrumentos de interesse público estão sendo desativados em favor da doutrina do livre mercado, que passa a gerir e regular a sociedade.

Nessa onda, a mídia tem desempenhado, principalmente, as funções de consumo e entretenimento, relegando a segundo plano as tarefas essenciais da informação, cultura, educação e conscientização. A percepção generalizada na sociedade é de que os jornais tornaram-se um grande *shopping* de mercadorias, em que a diversão, o espetáculo e a emoção funcionam como estratégias de audiência nessa gigantesca máquina de dinheiro.

> Grande parte da Imprensa popular britânica tem um vício: é quase impossível inteirar-se do que se passa no mundo, já que a sua intenção não é informar, mas divertir. Não são jornais de notícias, mas sim "magazines" com formato de jornais. Nos Estados Unidos acontece bastante o mesmo. Os jornais têm mais páginas do que antes da II Guerra Mundial, mas publicam menos notícias. Uns 87% das páginas acrescentadas são destinadas a publicidade, e os 13% restantes a informação gráfica e a maiores tipos de impressão nos títulos. (Piedrahita, 1993, p. 35)

Como conseqüência desse processo de mutação, os telejornais, radiojornais, net-jornais e jornais impressos têm submetido invariavelmente a sociedade a uma dieta de notícias sensacionalistas. Esse é o caminho mais curto entre a audiência/vendagem e o lucro e tem sido explorado com pequenas variações na maioria dos veículos de comunicação. O quadro se apresenta nas televisões abertas ou a cabo, nas rádios populares ou FMs, nos jornais metropolitanos ou interioranos e já se reproduz com as mesmas características nas produções jornalísticas da internet.

A estratégia consiste em oferecer as informações geralmente ligadas a acontecimentos ou coisas incomuns, que despertem e prendam a atenção e, se possível, atraiam o interesse do público para o relato ou para o desenrolar dos fatos. É a tática de abalar, sacudir, desestabilizar, assustar, estremecer, emocionar ou inquietar as pessoas, provocando intencionalmente a erupção das sensações. Descargas de coisas anormais, estranhas e insólitas, que ativem descargas de adrenalina. Nada, entretanto, que chegue a despertar uma visão contextual e contestadora.

Com esse exercício, repetitivo, a mídia mantém a engrenagem funcionando. As erupções de sensações são ativadas e desativadas na própria dinâmica da mídia. A menção da guerra é diluída pela notícia do nascimento do filho do *popstar*. O genocídio das crianças com fome dissolve-se com a notícia do sermão do papa. A apreensão do carregamento gigante de cocaína esmigalha-se perante a reunião ministerial com o presidente, transmitida ao vivo.

O anormal, o incomum, o absurdo são anulados pela força fragmentadora e sem contexto das notícias. A gota de notícia que mostra a ameaça à ordem ou à paz mistura-se e se dissolve com extrema rapidez em meio ao turbilhão de gotas de imagens, palavras, declarações, *flashes*, trucagens, vozes dos apresentadores, publicidades, telenovelas, filmes, novos noticiários etc.

> A notícia, tal qual se apresenta para o receptor, como forma quebrada de realidade, como pedaço do real, de onde se abstrai somente o fato específico que a originou, e como disposição múltipla e diversificada no jornal, na televisão, no rádio, no cinema, atua no receptor participando de um jogo psíquico, em que num momento ela desencadeia processos de preocupação e, noutro, de alívio e descontração. Não as notícias isoladamente, via de regra, mas o conjunto delas, o noticiário como um todo, ou mesmo a programação noticiosa, jogam com esse duplo caráter ideológico da notícia. Trata-se da dialética da atemorização e da tranqüilização, que compõe o fato noticioso. (Marcondes Filho, 1989, p. 14)

Tal ótica do jornalismo contemporâneo decorre naturalmente da própria deterioração da condição humana na sociedade do final do século XX, que instituiu um ambiente de anormalidade, em que até mesmo a normalidade pode ser encarada com estranheza. O dito fracasso da razão e a impotência da ciência e da tecnologia para resolver a equação das desigualdades e das injustiças criaram um regime de irrealidade.

Todos os pequenos pedaços de tragédia, sangue, violência e aberrações fazem parte de uma grande, crescente e normal anormalidade. O absurdo integra o cotidiano e se instala na pele da cultura e da sociedade.

Até mesmo a seqüência de escândalos e denúncias que sacodem a sociedade com insistente freqüência não passa, na verdade, de uma produção de mercadorias. O escândalo interessa à imprensa porque vende jornais, mas só enquanto os vender. Quando não der mais rentabilidade, troca-se o escândalo, isto é, o produto.

Rendidos à realidade, os produtos da indústria cultural, em conjunto, pregam e reforçam essa mentalidade. Sobretudo, o mundo da informação, em particular, reflete a anormalidade vigente. A matéria-prima dos noticiários de uma sociedade doente só pode ser a sua doença. Haja vista que, em qualquer lugar – mesmo nas sociedades pretensamente mais desenvolvidas, como na Europa –, os noticiários exploram os acontecimentos preferencialmente incomuns.

A mutação do jornalismo

O jornalismo atual divorciou-se do modo clássico de fazer jornal. Em crise de identidade, o jornalismo contemporâneo perde as suas referências e torna-se um misto de linguagem, ideologia, estética, consumo, *marketing* e publicidade.

As mutações do mundo pós-moderno, associadas às mutações do campo da cultura e do campo da comunicação, conspiram para esvaziar o papel do jornalismo, pelo menos em seu conceito clássico, e empurrá-lo para um novo paradigma.

Esse novo paradigma concilia o imperativo audiovisual, novas tecnologias, globalização, livre mercado, sociedade de consumo, cultura *kitsch*, explosão e poluição informativa, estetização, marketização, liberalismo e crise da razão. O consumidor do jornal pós-moderno já é, sem dúvida, fruto da soma desses fatores, combinados, associados e cruzados.

> Na situação atual, há sinais evidentes da emergência de um novo paradigma profissional, ou de novos paradigmas, centrados, entre outros aspectos, no jornalista multimídia, a serviço de grupos econômicos desenvolvidos precisamente segundo uma estratégia multimídia ou de pequenas empresas trabalhando para esses grupos; na crescente impregnação da informação pela ideologia publicitária; na igualmente crescente mistura entre notícia e comentário, informação e divertimento, realidade e ficção; no tendencial predomínio do jornalista especializado sobre o generalista, e do polivalente sobre o que domina as técnicas de apenas um tipo de mídia; na concorrência dos profissionais com novos protagonistas utilizadores de formatos jornalísticos, mas indiferentes aos princípios e à ética profissionais. (Correia, 1997, p. 264)

Muito além da desaparição dos jornais, José Martínez Albertos prognostica o fim da própria linguagem jornalística, já que esta, para ele, não será compatível com a mentalidade pós-moderna. "Dito de outra forma, em termos macluhanianos, a etapa eletrônica suporá o predomínio completo e excludente de uma sensibilidade determinada em que não terão cabimento os restos arqueológicos vinculados à etapa alfabética" (Albertos, 1997, p. 37).

O advento das tecnologias eletrônicas, que quebram o processo verticalizado de comunicação e estabelecem interatividade, virtualidade, hipertextualidade e globalidade, provoca intrinsecamente uma transformação radical da natureza dos processos culturais baseados nas letras.

A era eletrônica conduz, senão para a hegemonia, pelo menos para um predomínio da imagem, do audiovisual sobre o alfabeto, do signo sobre o código, do ícone sobre o sentido. Ela desorganiza e reorganiza a mentalidade, a cultura e a produção de sentido na sociedade. O jornalismo perde automaticamente suas características e peculiaridades constituídas pela era letrada e conduz a uma reforma de paradigma.

José Martínez Albertos alerta inclusive que juntamente com o perigo da extinção do jornalismo existe a ameaça à transformação da natureza da profissão jornalística. Em lugar de jornalistas, a sociedade da era eletrônica demandará provedores de informação.

> O futuro da informação, como já está ocorrendo em países pioneiros no campo da tecnologia, como os Estados Unidos, está cada vez mais em mãos de provedores de dados, cuja função social não é precisamente produzir notícias. A matéria-prima laboral dos provedores de informação não é a notícia, senão o marcador de datas, o quadro estatístico. (Albertos, 1997, p. 50)

De forma geral, as hipóteses levantadas por diversos teóricos do universo da comunicação ao longo do século XX indicam um processo de mutação aguda do paradigma do jornalismo. Teses desenvolvidas por Marcondes Filho, Bourdieu, Albertos, Bagdikian, Correia, Ramonet indicam que o jornalismo atravessa na aurora da pós-modernidade um estado de transgenia e de "rosificação".

A ruína da sociedade letrada acarreta apatia intelectual da juventude. A queda da civilização da Segunda Onda, fundada na indústria, reforma os processos de produção, transmissão e armazenamento de dados e informações na sociedade. As novas tecnologias abrem a possibilidade de uma comunicação horizontal, descentralizada, interativa, on-line, barata e virtual. A racionalidade passa a ser operada em outro patamar de cognição e cultura. A técnica desloca o homem do protagonismo social. A iconosfera radicaliza o poder da imagem. As mutações sociais reformam os sentidos e a natureza dos seres, além da natureza dos próprios objetos. A informática organiza uma dinâmica totalmente nova no conceito de fazer.

As hipóteses estão colocadas e indicam perspectivas, sem dúvida, de reforma e de transformação.

Howard Kurtz (1993, p. 329) alerta que "um cheiro de morte permeia o negócio jornalístico nestes dias. Todos os meses há a repetição de um ritual familiar: a desesperada busca por um comprador, uma angustiante contagem regressiva, a edição final, a mágoa na comunidade, a última bateria de repórteres e editores despejados nas ruas".

Xavier Batalla observa que o conjunto da imprensa está enferma. Segundo ele,

> [...] na Europa Ocidental, o consumo de exemplares por habitante se estancou ou diminuiu na última década. Na França, por exemplo, a Galáxia de Gutenberg perdeu, em quarenta anos, um milhão de leitores diários, e o que é pior: nesse período, a população francesa aumentou de 39 para 52 milhões, e apesar do maior nível cultural, a venda de periódicos baixou de 12 para 11 milhões de exemplares/dias; Paris enterrou, desde então, 24 diários de informação geral. Na Espanha, a rentabilidade é um fenômeno tão pouco freqüente que seria melhor referir-se a ele como coisa do passado. (Batalla apud Smith, 1983, p. 7)

É certo que o modelo de jornalismo clássico não sobreviverá ao terremoto midiático da transição do século XX para o século XXI, já que não deriva, nem em lembrança, da racionalidade fundada no regime de liberdade autêntica, liberdade de expressão, de opinião e de imprensa, na verdade, no bem-estar e no interesse público, que existiram pelo menos no mito, mas deriva hoje, sim, de uma racionalidade determinada aprioristicamente pelo princípio liberal do valor de troca. Princípio que recria a racionalidade e reifica a estética do consumo. *A priori*, o jornalismo tem tratado de cumprir uma racionalidade eminentemente bancária, instrumental, explicada apenas pela religião do consumo.

A mutação da imprensa

A imprensa[21] é, em primeira instância, o reflexo da sociedade contemporânea. As mutações sociais nessa transição de milênios, com o apogeu do livre mercado, instauram uma lógica de crise generalizada. A imprensa perde sua identidade, seu papel e sua linguagem, e disputa sua sobrevivência numa sociedade instável, açoitada pelo universo audiovisual, pela ética da publicidade e pelos interesses econômicos do modelo capitalista.

A imprensa vive o paradoxo de ser um elemento-chave do processo industrial capitalista e ter de desempenhar sua missão de apresentar a verdade e defender o interesse público. A mídia é o esteio da sociedade ocidental que, desde os anos 1980, estabeleceu-se sob a égide das privatizações e das desregulamentações, bem como entregou aos cuidados do poder privado as estruturas que zelavam pelos diversos interesses sociais.

Esse imperativo explica o que é a imprensa pós-moderna. Embora se associe imprensa com verdade e jornal com informação, constata-se que a imprensa é consumo, publicidade e empresa privada. Embora o funcionalismo norte-americano pregue que a notícia seja neutra, vê-se que o jornal, como empresa, não é. Embora a cartilha do jornalismo reze que notícia deva ser uma linguagem objetiva (embora idealizada), vê-se que o jornal representa a versão, filtrada pela ideologia, dos interesses privados e do mercado.

Em decorrência, a imprensa pós-moderna acaba se tornando objetivamente um produto do *marketing* pós-moderno, uma imprensa cor-de-rosa. Os jornais contemporâneos viram mercadorias, submetidas à lógica do mercado, da audiência e do lucro, que passam a ser produzidas e vendidas dentro da mesma lógica que produz e vende detergentes em pó. A ordem é industrializar mercadorias deliciosas e atrativas que sejam infalíveis na tarefa de fisgar os consumidores de informação.

A mercadoria, afinal, é a base da sociedade capitalista, já que, segundo Karl Marx, ela é

> [...] antes de mais nada um objeto externo, uma coisa que, por suas propriedades, satisfaz necessidades humanas, seja qual for a natureza, a origem delas, provenham do estômago ou da fantasia. Não importa a maneira como a coisa satisfaz a necessidade humana, se diretamente, como meio de subsistência, objeto de consumo, ou indiretamente, como meio de produção. (*O capital*, tomo I, 1867; 1982, p. 41)

Hoje, a base da riqueza das nações, onde vigora o capitalismo, configura-se, segundo Karl Marx (1982, p. 41), "em uma imensa acumulação de mercadorias".

No processo de mercantilismo e mercadorização, os mercadologistas passam a submeter o produto jornalístico ao gosto do público, curvando subliminarmente as posições ideológicas e políticas do jornal também ao gosto do público. Isso cria um jornal plasticamente bonito, mas ideologicamente vazio.

> A estratégia mercadológica aperfeiçoa o próprio sistema de dominação, na medida em que domestica, submete as aspirações populares aos seus modelos predeterminados de satisfação e consumo. Mais além, essa prática contribui para a despolitização do público e, com isso, dirige-se contra os interesses de emancipação e autodeterminação do cidadão. (Marcondes Filho, 1989, p. 36)

Segundo Ciro Marcondes Filho, a estratégia de adotar o *marketing* para a orientação editorial é a fórmula mais utilizada pela imprensa liberal, altamente conservadora, nos países industrializados.

> Por ser mais sintonizada com a programação e as estratégias empresariais em outros setores da economia, essa forma de procedimento foi assimilada pela indústria jornalística como um meio de a imprensa não sucumbir às retrações de compra do mercado. Para salvar a empresa, portanto, abre-se mão do caráter político do veículo, tornando-o um mero repetidor de fórmulas populares, subtraindo da atividade jornalística sua dimensão de quebra e de transformação da realidade. (Marcondes Filho, 1989, p. 36)

Inseridos nessa sociedade do espetáculo e do consumo, os jornais pós-modernos acabam essencialmente impregnados por *fait divers*,[22] "produtos" integrantes da engrenagem de espetáculo e consumo. A indústria cultural precisa oferecer diariamente um cardápio sempre renovado de informações, marcado permanentemente pela novidade, mesmo que não existam fatos ou notícias relevantes a serem divulgados.

> Toda a informação política, histórica e cultural é acolhida sob a mesma forma, simultaneamente anódina e miraculosa, dos *fait divers*. Atualiza-se integralmente, isto é, aparece dramatizada no modo espetacular – e permanece de todo inatualizada, quer dizer, distanciada pelos meios de comunicação e reduzida a signos. O acontecimento irrelevante não constitui, pois, uma categoria entre outras, mas a categoria cardial do nosso pensamento mágico e da nossa mitologia. (Baudrillard, 1995, p. 24)

Os *fait divers* contemporâneos levam à neutralidade da informação e à apatia cívica e moral dos cidadãos. A crítica e as reportagens que promovem a reflexão e a consciência dão lugar a banalidades e mexericos com maior potencial de mercado. Num fenômeno silencioso, a sociedade perde paulatinamente a capacidade de indignação e protesto diante das anormalidades da realidade. É a vitória da ética da indiferença, que interessa ao poder constituído. É a tática do diversionismo para manter sempre intacto o atual estado das coisas.

Outro fator decisivo para a imprensa hoje é a imagem. A concorrência entre o mundo impresso e o audiovisual[23] (que seduz os jovens e abocanha o grosso da publicidade) leva a imprensa em geral a adotar a linguagem audiovisual. O jornal impresso transforma-se em nossa época em um festival de signos e ícones, buscando atrair e estimular a atenção dos consumidores. A técnica é simples: quanto mais o jornal for parecido com um videoclipe, maior a eficácia do produto. Assim, as notícias viram fragmentos, entremeados de fotos, infográficos, tabelas, olhos, linha de apoio, ilustrações, retrancas etc. Exemplos de jornais desse tipo são o *Post* de Nova York, o *Sun*, de Londres, o *Bild Zeitung*, da Alemanha, mas, sobretudo, o *USA Today*, de Arlington (EUA).

> Muitos títulos da imprensa escrita continuam, por mimetismo televisual, adotando características próprias da mídia catódica: maquete da "primeira página do jornal" concebida como uma tela, extensão dos artigos reduzida, personalização excessiva de alguns jornalistas, prioridade do local sobre o internacional, excesso de títulos chocantes, prática sistemática do esquecimento e da amnésia em relação às informações que já passaram, já saíram da atualidade etc. (Ramonet, 1999, p. 137)

O jornal norte-americano *USA Today* é considerado hoje um verdadeiro emblema do jornalismo audiovisual mundial, a ponto de ser jocosamente chamado de "a televisão impressa". Segundo Ciro Marcondes Filho,

> o jornalismo abre mão daquilo que se chamava de sua identidade, que era exatamente o fato de escrever as notícias, desenvolvê-las dando um tratamento específico e mais amplo aos temas, ou seja, jogando com o elemento espaço (das páginas, cadernos e suplementos especiais), para ser cada vez mais reprodução de outro meio de comunicação que é a televisão, meio visual por excelência, que trabalha com imagens em movimento. (1993, p. 101)

A lógica da imprensa pós-moderna tem sido assim uma lógica pragmática: a corrida pelo lucro, a corrida pelo leitor, a corrida do *marketing*, a corrida dos *fait divers*, a corrida da neutralidade, a corrida pelo mercado, a corrida pela linguagem audiovisual. Portanto, uma competição que envolve e homogeneiza os competidores.

Hoje, o conteúdo e o visual dos jornais são todos iguais. Não só entre si mas também iguais aos radiojornais, telejornais e net-jornais. Nenhum jornal arrisca um lance de ousadia ou uma tática especial, com medo de ser superado. O mimetismo parece ser a regra geral.

> O mimetismo é aquela febre que se apodera repentinamente da mídia (confundindo todos os suportes), impelindo-a na mais absoluta urgência, a precipitar-se para cobrir um acontecimento (seja qual for) sob o pretexto de que os outros meios de comunicação – e principalmente a mídia de referência – lhe atribuam uma grande importância. Esta imitação, delirante, levada ao extremo, provoca um efeito bola-de-neve e funciona como uma espécie de auto-intoxicação: quanto mais os meios de comunicação falam de um assunto, mais se persuadem, coletivamente, de que este assunto é indispensável, central, capital, e que é preciso dar-lhe ainda mais cobertura, consagrando-lhe mais tempo, mais recursos, mais jornalistas. (Ramonet, 1999, p. 20)

O fenômeno do mimetismo jornalístico está presente nos principais jornais, telejornais, radiojornais e net-jornais de todo o planeta. "Comparem as capas dos semanários franceses com quinze dias de intervalo: são mais ou menos as mesmas manchetes. Da mesma maneira, nos jornais televisivos ou radiofônicos das emissoras de grande difusão; no melhor dos casos, ou no pior, só a ordem das informações muda" (Bourdieu, 1997, p. 31).

Além desses aspectos já apresentados, os críticos da mídia impressa acusam ainda a imprensa de ter perdido seu compromisso com a realidade, a verdade, a humanidade e a autenticidade.

Realidade

A mídia contemporânea tem o poder de determinar o que é e o que não é realidade no mundo de hoje. Tal poder foi-lhe outorgado pelos próprios receptores, que imputam credibilidade e legitimidade ao que, em primeiro lugar, é exposto na mídia. Em síntese, por essa lógica, uma coisa existe ou deixa de existir hoje no mundo à medida que é comunicada pela mídia. A realidade deixa assim de ser a expressão dos fatos, para se revelar como a sua apresentação midiática.

> Num mundo todo permeado de comunicação – um mundo de sinais – num mundo todo teleinformatizado, a única realidade passa a ser a representação da realidade – um mundo simbólico, imaterial. Isso é tão verdade, que na linguagem do dia-a-dia já se podem ouvir frases como estas: "Já acabou a greve?". E se alguém pergunta por quê, a resposta é: "Deve ter acabado, pois o jornal não diz mais nada", ou: "A televisão não mostrou mais nada...". (Guareschi, 1991, p. 14)

A comunicação tem inclusive o poder de construir ou destruir a imagem das pessoas. Basta que ela propagandeie sistematicamente as suas qualidades, reais ou não, ou então que faça uma campanha contra.

Sobretudo, a mídia contemporânea, impressa ou eletrônica, parece transmitir, em primeiro lugar, a realidade que preferencialmente lhe interessa. Em geral, os espaços noticiosos são utilizados para expor e impor uma versão, isto é, a versão da plutocracia.

A Teoria Crítica têm demonstrado que o jornalismo é palco do processo de dominação social e de luta de classes. A classe capitalista, detentora de poder na sociedade, usa o jornalismo como mais um recurso para seus interesses, utilizando as massas como fonte de consumo, audiência, manipulação, sujeição e exploração.

Nesse sentido, são ilustrativos os trabalhos de Antônio Gramsci sobre hegemonia, de Louis Althusser sobre ideologia e os aparelhos ideológicos do Estado e de Herbert Marcuse sobre a sociedade e o homem unidimensional.

O marxista italiano Antônio Gramsci acredita que a classe que detém a hegemonia política da sociedade, isto é, a dominação total, detém, antes dela, a hegemonia do ponto de vista cultural. A hegemonia é configurada no século XX pelo processo de imperialismo cultural, em que a ideologia das nações dominantes serve para controlar as nações periféricas.

Louis Althusser propõe que as ideologias existem não no campo das idéias mas sim no campo material, portanto é nessa existência material que elas devem ser estudadas e não como idéias. Para ele, as ideologias servem para a reprodução das relações de produção capitalista, isto é, por meio da ideologia é que o capitalismo tem mantido as suas estruturas de dominação e sujeição. Nessa linha, o jornalismo e a publicidade e a propaganda revestem-se de ideologias e ajudam a conformar parte da superestrutura da sociedade, por isso contribuem para manter o *establishment*.

O filósofo Herbert Marcuse argumenta que a sociedade contemporânea passou a viver sob o signo de um mundo determinado pela tecnologia e pela ciência. Esse modelo de sociedade subjuga o indivíduo a estruturas superiores e estabelece o domínio da irracionalidade técnica. Tudo acaba se resumindo a uma dimensão única: homem, discurso, máquina, pensamento, realidade, essência, aparência. O homem e a sociedade, isto é, a realidade, reduziu-se a uma entidade unidimensional.

Ciro Marcondes Filho (1989, p. 13) observa que hoje a notícia tornou-se "um meio de manipulação ideológica de grupos de poder social e uma forma de poder político. Ela pertence, portanto, ao jogo de forças da sociedade e só é compreensível por meio de sua lógica". Portanto, para ele, os meios de comunicação revelaram-se poderosas máquinas de controle social, amordaçando o homem à sua condição de massa.

> A comunicação, inserida no processo atual dos meios de comunicação social, implica uma relação com o tipo de sociedade existente. Em uma sociedade como a nossa, perpassada pelos conflitos sociais, em constante confronto para a promoção, defesa e manutenção de interesses, é ingenuidade pensar numa verdade abstrata ou numa informação objetiva que obedeçam às regras da verdade moral. O que existe é uma verdade parcial, alicerçada em evidências e interesses partidários e classistas. Como conseqüência, a comunicação e a informação que se recebem são expressões desta relação. (Guareschi, 1991, p. 19)

Além de ser propriedade de grupos de poder, o jornalismo interpreta e sintetiza o mundo para os seus detentores. A leitura sobre os fatos econômicos, sobre os acontecimentos diários, sobre os conflitos armados etc. é uma leitura da cultura do poder. As notícias da realidade são as interpretações que a classe hegemônica faz para codificar os acontecimentos dentro da sua lógica.

Verdade

O resultado da pressão do mercado e da competição exacerbada entre jornais tem sido o rompimento do "contrato social" entre a imprensa e o público, em que a verdade fica relegada à posição não mais de princípio, mas de artifício do processo da informação. O repórter e o editor rendem-se às regras do *marketing* e aos imperativos do lucro e submetem a informação ao processo estético da mercadoria, secundarizando a verdade e a cartilha da notícia.

A imprensa falsifica informações mediante produções distorcidas, a manipulação dos fatos, a supressão de elementos fantasiosos ou a invenção de acontecimentos ou depoimentos. No fundo, esses exercícios de falseamento demonstram um objetivo básico: favorecer interesses, sejam eles dos jornalistas, da empresa ou do poder econômico ou político.

Jean Baudrillard (1997, p. 59) explica que, no fundo, a imprensa pós-moderna trata a verdade como uma coisa irrelevante no processo de produção da informação, já que a credibilidade das informações na mídia está na transmissão das notícias e não mais na apuração dos fatos. Isso se torna o que Baudrillard denomina estágio meteorológico da informação, uma característica que repousa entre o verdadeiro e o falso.

> Há muito tempo que a informação ultrapassou a barreira da verdade para evoluir no hiperespaço do nem verdadeiro nem falso, pois aí tudo repousa sobre a credibilidade instantânea. Ou, antes, a informação é mais verdadeira que o verdadeiro por ser verdadeira em tempo real – por isso é fundamentalmente incerta. Ou, ainda, para retomar a teoria recente de Mandelbrot, podemos dizer que, tanto no espaço da informação ou no espaço histórico quanto no espaço fractal, as coisas não têm mais uma, duas ou três dimensões: flutuam numa dimensão intermediária. Logo, nada mais de critérios de verdade ou de objetividade, mas uma escala de verossimilhança.
> Lançada a informação, enquanto não for desmentida, será verossímil. E, salvo acidente favorável, nunca sofrerá desmentido em tempo real; restará, portanto, crível. Mesmo desmentida não será nunca mais falsa, porque foi crível. Contrariamente à verdade, a credibilidade não tem limites, não se refuta, pois é virtual. (Baudrillard, 1997, p. 60)

Nos anos 1990, a mídia contemporânea deixou impressões digitais, em suportes impressos ou eletrônicos, do seu desprezo com a verdade. Os casos foram registrados nos Estados Unidos, na França, na Alemanha, no Brasil e em vários outros países do mundo.

Em 1998, só os Estados Unidos foram palco de três casos graves de desobediência ao princípio da verdade no jornalismo. O primeiro deles aconteceu quando jornalistas da revista *Time* revelaram que o exército dos Estados Unidos teria usado gás sarin, uma arma química, contra desertores americanos na Guerra do Vietnã. Alguns dias depois da denúncia, verificou-se que a história era totalmente mentirosa. Os jornalistas haviam simplesmente inventado os fatos.

O segundo caso surgiu com a descoberta de que uma jovem jornalista da revista semanal *The New Republic*, Stephen Gass, havia inventado 27 das 41 reportagens de sua autoria. Simplesmente, não havia nada de verdade nos 27 textos.

Um terceiro caso aconteceu em Boston, onde uma jornalista do *The Boston Globe*, Patricia Smith, finalista do Prêmio Pulitzer, a mais alta distinção concedida a um jornalista nos Estados Unidos, utilizou a sua criativa imaginação para moldar fantasiosamente personagens e frases em seus artigos de opinião.

Mais recentemente, uma jornalista do jornal *Washington Post* foi agraciada com o Prêmio Pulitzer, por sua reportagem sobre a vida de uma criança de apenas oito anos que estaria viciada em heroína. Pouco tempo depois, algumas pessoas decidiram verificar, por curiosidade, a história e constataram que o caso era inventado do começo ao fim. A jornalista teve de devolver o prêmio.

Na Alemanha, em fevereiro de 2000, a TV estatal demitiu o jornalista Frank Höfling, seu correspondente na Chechênia, depois que ele admitiu ter comprado imagens de um cinegrafista local sobre cenas da guerra e corpos sendo arrastados por um caminhão. Além de ter confessado a compra do material, Höfling disse não ter certeza sobre a veracidade das imagens.

No Brasil, ficou famoso o caso da chamada Escola Base, uma creche comum de São Paulo. Em 1994, repórteres informados por pais de algumas crianças denunciaram a prática de sevícia nos meninos e nas meninas por alguns diretores da escola. Depois de muito alarde e dezenas de manchetes nos jornais do centro do país, verificou-se que as acusações eram totalmente improcedentes.

O caso mais recente, entretanto, aconteceu novamente na Alemanha, quando o jornalista *freelancer* Tom Kummer, 37 anos, foi descoberto inventando entrevistas com celebridades. Tom trabalhava para a revista *Sueddeutsche Zeitung* (*SZ*) e, segundo denúncia da revista concorrente *Focus*, confirmada pela direção da *SZ*, criou fantasiosamente uma série de entrevistas com artistas como Courtney Love, Ivana Trump, Bruce Willis, Robert Redford, Kim Basinger, Brad Pitt etc.

Educados ao longo de suas vidas pelas regras do mercado, os jornalistas acabam cometendo essas infrações em nome da competição e da sobrevivência, valores erigidos pelo mercado. O registro, a produção, a construção, a edição, a descrição, a narração, enfim, todos os processos naturais do jornalismo, ficam condicionados ao crivo moral, estético e mercadológico do mercado, representado no processo jornalístico pelo seu sujeito, o jornalista.

> O que é verdadeiro e o que é falso? Se a imprensa, a rádio ou a televisão dizem que alguma coisa é verdadeira, isto se impõe como verdade... mesmo que seja falso. O receptor não possui outros critérios de avaliação, pois, como não tem experiência concreta do acontecimento, só pode orientar-se confrontando os diferentes meios de comunicação uns com os outros. E se todos dizem a mesma coisa, é obrigado a admitir que é a versão correta dos fatos, a notícia "verdade oficial". (Ramonet, 1999, p. 59)

Autenticidade

A sociedade tem olhado a realidade através do olho da mídia. O conceito e os julgamentos que os indivíduos fazem sobre seu país, suas vidas, seus políticos, seus valores, suas certezas, suas tragédias são produtos, em grande parte, do olhar do jornalista.

Esse olhar do profissional do jornalismo, entretanto, foi adestrado para enxergar apenas o incomum, o anormal, o diferente, o insólito, o inusitado, o espantoso, o assustador, o super, o hipo, o extremo, o superlativo, o assimétrico, o anti, a ruptura, o conflito, o irregular. O que isso faz? Faz com que o indivíduo compreenda que, cada vez mais, tudo em torno de si seja potencialmente incomum, anormal, diferente, insólito, inusitado...

Ao fazer uma leitura parcial da realidade, o olho seletivo da mídia constrói a percepção coletiva de que este é um mundo estranho e inóspito. Cria o conceito de que tudo é permanentemente desequilíbrio e assim transforma e dilui a autenticidade da realidade.

Nisso tudo, o hiperdiscurso da pós-modernidade acaba impregnado pela íris desse olho. Em todas as interpretações individuais, esse hiperdiscurso, muitas vezes superestimado, está presente, com uma leitura pontuada por elementos incomuns.

O diagnóstico dos indivíduos na pós-modernidade, extraído da leitura das notícias da imprensa, apresenta invariavelmente, em todas as partes do mundo capitalista, essa disrupção. O mundo tornou-se, por esse enfoque, um lugar envolto em fatos estranhos, ou burlescos. A cristalização e o espraiamento desse senso comum já foram verificados por teorias recentemente desenvolvidas, como a Espiral do Silêncio e a Agenda-Setting.

A Espiral do Silêncio, proposta por Elisabeth Noelle-Neuman (1973), mostra que a opinião da maioria na sociedade é formada pela opinião de um grupo minoritário de indivíduos. Isso acontece porque algumas poucas pessoas, como os jornalistas, têm o poder ou o canal para expressar suas idéias. Nesse exercício de manifestação de idéias, o indivíduo, como atesta o seu comportamento sociológico e psicológico, acaba influenciando maciçamente a sociedade e desencadeando a homogeneização da opinião pública.

Já a hipótese da Agenda-Setting tem demonstrado a vocação dos meios de massa para agendar as discussões e os pensamentos dos indivíduos. Mostra que os meios servem para agendar idéias, opiniões, sentimentos e valores que os indivíduos terão sobre eles mesmos e sobre o mundo que os cerca.

Humanidade

Esse padrão de jornalismo contemporâneo, compromissado com o mercado, abdica dos princípios humanísticos, libertadores e idealistas que residiam na essência do jornalismo clássico. Desde o século XVIII, o jornalismo da utopia social e da proposta de construção do *welfare state*, democrático e justo, vem sendo golpeado pelo expansionismo das doutrinas liberais e neoliberais, inspiradas nas idéias de pensadores como Adam Smith.

A ética humanística do jornalista, fundada nos valores do interesse público e do bem-estar coletivo, acaba sendo atropelada pela assunção de uma ética econômica fundada no capitalismo e em interesses privados. A esfera pública volta a ser, como na Antigüidade, território e propriedade da esfera privada, que privatiza, em proporção, o próprio homem e a sua consciência.

O humanismo tem sido sistematicamente enregelado no século XX em conseqüência do Plano Marshall e do imperialismo norte-americano (a partir da Segunda Grande Guerra), da filosofia tatcherista de desestatização, da Rodada do Uruguai que constituiu na prática um supermercado mundial, dos alicerces liberais da Organização Mundial do Comércio (OMC) e do abalo ao projeto socialista com a derrocada da União Soviética em 1991. Esse quadro refletiu-se na sociologia, nas artes, na cultura, na literatura, mediante obras críticas, profundamente niilistas, de autores como Sartre, Camus, Ionesco, Beckett, entre outros.

Além disso, o advento das tecnologias de comunicação de massa do século XX promoveu uma revolução na concepção dos processos e dos conceitos de criação, produção e acesso da cultura. A mídia eletrônica criou uma cultura de massa que, de certa forma, escandalizou e apunhalou os valores da aristocracia e de grande parte das elites intelectuais, que passaram a denunciar o nascimento da era Kitsch. A nova cultura, sumariamente rejeitada pela Escola de Frankfurt, tornou-se uma cultura vazia, mercadorizada, homogeneizada e voltada prioritariamente para os interesses do consumo. A cultura perdeu assim, para Walter Benjamin, a sua aura e entrou na era da reprodutibilidade técnica. Junto com isso, a arte-mercadoria esvaziou e coisificou o ser humano, esvaziando ainda mais o humanismo.

O próprio emblema dessa época, o tecnocentrismo, espelha o vazio humanístico da pós-modernidade. A tecnologia tem primazia sobre os valores humanos e sociais, o que leva a estabelecer uma verdadeira crise histórica da razão e das ideologias.

> No mundo tecnocêntrico, o homem submete-se a esse controle generalizado das máquinas, comportando-se, ele próprio, também, como uma espécie de máquina, tendo um número, uma função, vendo seu trabalho tornar-se um componente maquínico de todo sistema. (Marcondes Filho, 1994, p. 29)

O jornalismo de mutação reflete essa conjuntura pós-moderna. Os jornais e as informações reproduzem uma hierarquia de valores tecnocêntricos, niilistas, liberais, capitalistas, consumistas e massificantes. O homem torna-se mais um ingrediente da informação e não o seu centro.

Notas

1. O conceito de neoliberalismo expressa essencialmente o modelo econômico vigente na sociedade ocidental, a partir de meados do século XX, e se baseia na concepção de livre mercado, desregulamentação, liberdade de iniciativa empresarial e privatização do Estado-nação. Esse modelo de sociedade deriva das idéias de Adam Smith, de Milton Friedman e Frederick Hayek, e almeja uma sociedade regulada apenas pelo mercado.

2. O jornalismo é a linguagem convencional utilizada pela mídia para a produção e transmissão de notícias. Fundamenta-se nos princípios da verdade, objetividade e imparcialidade e tem como base o interesse público. Normalmente associado à imprensa, o jornalismo, como linguagem da informação, nasceu, entretanto, muitos anos depois da invenção da tipografia por Gutenberg, já que, nos primeiros tempos, os jornais eram espaços para éditos reais, comunicados mercantis, cotações, fatos comerciais, folhetins etc.

3. Os princípios da era pós-moderna são marcados essencialmente pelos valores do ultralivre mercado, do capitalismo absoluto, da mercadorização material e simbólica, pela crise de paradigmas, pelo Fim da História, pela estetização subjetiva, pela metaglobalização e pela virtualização da realidade e dos sentidos.

4. Manuel Carlos Chaparro, professor associado da Universidade de São Paulo, desenvolveu uma pesquisa para comparar as formas discursivas da imprensa diária de Portugal e do Brasil. No fundo, a proposta visava suscitar uma nova discussão sobre a teoria dos gêneros jornalísticos, tendo em vista, na opinião dele, a superação do falso paradigma que divide o jornalismo em opinião, interpretação e informação. No trabalho, publicado em forma de livro em 1998, com o título *Sotaques d'aquém e d'além mar: percursos e géneros do jornalismo português e brasileiro*, Chaparro propõe o enquadramento dos gêneros jornalísticos em "esquemas narrativos" (o relato dos acontecimentos), "esquemas argumentativos" (o comentário dos acontecimentos) e "esquemas práticos" (informações de serviços).

O pesquisador tomou como objeto de estudo os jornais brasileiros *Folha de S. Paulo, O Estado de S. Paulo, O Globo* e o *Jornal do Brasil* e os jornais portugueses *Jornal de Notícias, Público, Diário de Notícias* e *Correio da Manhã*.

5. O jornalismo cor-de-rosa é uma expressão que, além de caracterizar o caráter de neutralidade dos jornais contemporâneos, faz um contraponto ao chamado jornalismo amarelo, surgido no século XIX, que ocupava e ainda ocupa muitas das páginas de publicações periódicas com notícias sensacionalistas.

6. De origem funcionalista norte-americana, o *newsmaking* representa o processo de produção das notícias nos jornais, descrevendo as rotinas e as práticas executadas pelos jornalistas nas suas tarefas de seleção, edição, produção, distribuição, montagem, titulação etc. das publicações periódicas.

7. Utilizamos neste trabalho o sentido de *marketing* indicado pelo professor brasileiro J. B. Pinho, na obra *Comunicação em marketing* (1991), que o considera a técnica e a ciência que estudam o processo das descobertas e interpretações das necessidades, dos desejos e das expectativas do consumidor e do convencimento de mais clientes a continuarem usando não só os mesmos produtos, mas também os serviços.

8. Considera-se jornalismo clássico o modelo de discurso derivado dos valores míticos da verdade, imparcialidade, objetividade e do compromisso com o interesse público. De certa forma, esse jornalismo nunca existiu como linguagem autônoma e hegemônica nos jornais, tendo de conviver ao longo das várias fases de sua história com as influências e os interesses do capital ou da política.

9. Inspirado em Henry Ford, o pai da indústria automobilística norte-americana, o fordismo compreende o modelo de produção maciça, em série e homogênea de bens, serviços e produtos industriais. O taylorismo, fundado com base nas idéias do inglês Frederick Winslow Taylor, estabeleceu os princípios e procedimentos para a introdução da administração empresarial científica. As idéias de Taylor buscam aumentar a eficiência de fábricas e empresas, reduzindo custos e salários, cortando mão-de-obra, baixando os preços dos produtos fabricados e racionalizando o processo de produção.

10. Segundo Bourdieu (1997), o índice de audiência é a medida da taxa de que se beneficiam as diferentes emissoras (há instrumentos, atualmente, em certas emissoras, que permitem verificar o índice de audiência a cada quarto de hora e, mesmo, é um aperfeiçoamento introduzido recentemente ver as variações por grandes categorias sociais). Tem-se assim um conhecimento muito preciso do que passa e do que não passa. Essa medida, para Bourdieu, tornou-se o juízo final do jornalismo.

11. Segundo Harry Stapler, em artigo publicado em 1985, no *Newspaper Research Journal*, a pirâmide invertida começou a aparecer durante a Guerra Civil americana. "Até então, a maioria dos jornalistas escrevia suas histórias em uma narrativa ou em um estilo de ensaio. Freqüentemente, eles listavam os detalhes em ordem cronológica. Por isso, os fatos raramente apareciam no 1º parágrafo. A Guerra Civil tornou-se o local de nascimento da pirâmide invertida devido ao recente desenvolvimento do telégrafo. O sistema de telégrafo às vezes caía enquanto um correspondente estava enviando uma história do campo de batalha para um jornal. Então os correspondentes começaram a pôr os fatos-chaves próximo do topo. Além disso, às vezes somente um operador de telégrafo tinha à mão um grande número de correspondências para enviar. Alguns operadores desenvolveram um sistema de rodízio. Eles permitiam que repórteres enviassem somente um parágrafo de suas histórias a cada vez. Quando cada repórter tinha enviado seu 1º parágrafo, a luta começava novamente. Pressionados pelo prazo fatal para a próxima edição, os fatos-chaves eram colocados na parte inicial de suas histórias".

12. A Teoria Funcionalista da Sociologia compreende os fenômenos sociais e da comunicação segundo uma visão de suas funções. Inspirada na biologia, o funcionalismo encara o organismo social como um sistema formado por elementos que possuem funções, que atuam no sentido de manter o equilíbrio e a

estabilidade do sistema. Três pressupostos são fundamentais no funcionalismo: a) a vida em sociedade obedece a comportamentos padronizados, repetitivos; b) essas ações agem no sentido de manter a estabilidade e o equilíbrio do sistema; c) cada item, cada pequeno pedaço desse grande organismo social, é indispensável para o funcionamento do sistema.

O funcionalismo entende os fenômenos da comunicação nesse prisma. Os fatos são naturais e fazem parte de um sistema equilibrado, harmônico. Nessa lógica, em que a sociedade vive em um estado de estabilidade, os teóricos funcionalistas analisam os fenômenos de forma isolada, atomizada, sem buscar a historicidade e o contexto social.

13. O jornalismo ativista teve seu apogeu durante o século XIX, quando a maioria dos veículos de comunicação mantinha compromisso fiel com a informação. Os jornalistas desenvolviam um jornalismo de cunho investigativo e, pelas páginas dos jornais, lutavam para a construção de uma sociedade melhor e mais justa. Hoje, o jornalismo ativista está reduzido a um gueto na imprensa mundial, e sua voz tem sido abafada pelo poder econômico hegemônico dos grandes impérios jornalísticos. O maior exemplo desse modelo é o jornal francês *Le Monde*, que, desde o final do século XX, tem desempenhado o papel de farol do jornalismo crítico mundial.

14. A Escola de Frankfurt nasceu em 1923 na Universidade de Frankfurt, na Alemanha, por intermédio do Instituto de Pesquisas Sociais. Os teóricos ligados ao instituto, marxistas não-ortodoxos, direcionaram seus estudos para a cultura de massas e o capitalismo. O principal estudo diz respeito à indústria cultural (expressão criada por Adorno e Horkheimer) para caracterizar a mercadorização dos bens culturais, a industrialização, a homogeneização cultural, a dominação técnica do sistema e, em conseqüência, a deterioração dos padrões culturais.

15. Notícia é considerada aqui um fato verdadeiro, inédito ou atual, de interesse geral, que se comunica por meio da mídia a um público maciço.

16. A tradução de *deadline* é linha da morte, que representa o prazo final para o repórter ou o redator entregar a matéria para o setor de edição.

17. De origem funcionalista, a pirâmide invertida determina que a descrição dos fatos narrados na notícia obedeça a uma escala de importância, que se inicia pelos acontecimentos mais revelantes e vai, numa razão decrescente, até os dados mais dispensáveis. No topo dessa pirâmide deve ficar situado o *lead*.

O *lead* pode ser definido como um aperitivo objetivo, sintético, vivo, leve, com que se inicia a notícia, numa tentativa de fisgar e prender a atenção do leitor do início ao fim da narrativa. Normalmente, o *lead* é um parágrafo, que engloba essencialmente a resposta a seis perguntas: O quê?, Quem?, Quando?, Onde?, Como? e Por quê?.

Sobretudo, a pirâmide invertida tem como concepção a construção do relato dos acontecimentos segundo uma visão linear, mecânica, neutra e asséptica dos acontecimentos. Os fatos devem ser narrados com base em critérios de objetividade, isenção, imparcialidade, distanciamento, clareza e simplicidade, atendo-se à autenticidade e à veracidade dos acontecimentos.

18. O conceito clássico de jornal diz respeito ao modelo de jornalismo que respeita a verdade, a objetividade e a imparcialidade e defende o interesse público.

Na essência desse modelo, reside o jornalismo investigativo, que indaga, pesquisa, apura, descobre. Esse conceito clássico evoca essencialmente um modelo idealizado de jornalismo, presente nos manuais de redação e na teoria do jornalismo.

19. Deixar fazer.

20. Deixar passar.

21. Nesta obra considera-se imprensa todos os espaços jornalísticos presentes nos veículos de comunicação social da atualidade. Esta "imprensa jornalística", existente na mídia em geral, não contempla, neste trabalho, os aspectos da imprensa tipográfica.

22. *Fait divers* é um jargão largamente utilizado pelos teóricos da comunicação para caracterizar a imprensa sensacionalista, que prioriza os fatos bizarros, anormais, estranhos, chocantes etc. O caráter deste "tipo" de jornalismo está em atrair a atenção dos leitores, telespectadores ou ouvintes, com notícias ou chamadas que mexam e provoquem os sentidos humanos. Atualmente, os *fait divers* se tornaram a matéria-prima obrigatória dos principais tablóides no mundo.

23. A partir da segunda metade do século XX, a televisão tornou-se o grande astro da mídia e, sobretudo, o grande agente de produção, transmissão e dominação cultural da sociedade mundial. A força da linguagem audiovisual encerrou os breves quatrocentos anos da era letrada, aberta pela Galáxia de Gutenberg, e inaugurou a era da imagem, a chamada Galáxia de Marconi. Diz-se que hoje a televisão tem o poder até mesmo de alfabetizar crianças e jovens pelos códigos da imagem, tendo mudado a natureza perceptiva e cognitiva do ser humano.

História econômica da imprensa

> Ler a história,
> ler os media,
> é ler o livro-labirinto,
> é penetrar o caos.
>
> FRANCISCO CÁDIMA

Em geral, a historiografia tradicional tem enfocado a história da imprensa e do jornalismo com base em elementos extraídos do senso comum. Essa tradição normalmente decanta os fatos e as circunstâncias, em detrimento das causas e das origens, e acaba constituindo uma visão da imprensa essencialmente mítica.

Esse paradoxo é patente nos estudos históricos sobre a imprensa. Durante séculos, as narrativas privilegiaram versões dominantes, muitas vezes oblíquas, o que veio a eclipsar em algumas circunstâncias a compreensão mais global dos dados e fatos. Tal prática acabou distorcendo a História, já que, de antemão, distorceu o olhar do historiador.

Em contraposição a essa realidade, uma safra de historiadores contemporâneos tem proposto uma releitura da História, não só da imprensa, mas de toda a dimensão e densidade da indústria midiática. Peter Burke, Fernand Braudel, Francisco Rui Cádima, além de Michel Foucault, propõem a reconstrução da História segundo a desconstrução dos sofismas latentes nas obras clássicas.

Em vez de se ater à versão cristalizada da História, os novos historiadores procuram "desconstruir" o discurso oficial e escavar entre os escombros do texto, com olhar crítico e imparcial, a verdadeira essência e origem dos acontecimentos. Na sua forma tradicional, afirma o português Francisco Rui Cádima (1996, p. 18), a "história tomava a seu cargo memorizar os monumentos do passado, de os transformar em documentos e de fazer falar esses vestígios (ou sinais)". Como resultado, a História acabou galvanizando mitos, lendas e fantasias, dissociadas de suas vertentes naturais, e transformou monumentos em verdades monolíticas.

Maria José Acosta lembra oportunamente que as primeiras obras a estudar o jornal, sua origem e evolução estavam marcadas por "uma adesão incondicional ao positivismo que impregnou a historiografia da segunda metade do século XIX" (1997, p. 188). "Este subjetivismo positivista fez tudo, menos história", complementa Cádima (1996, p. 18). Com tudo isso, hoje, assevera o teórico português, "ler a história, ler os media, é ler o livro-labirinto, é penetrar o caos".

Marcadas indelevelmente por essa concepção positivista, as narrativas convencionais sobre os passos da imprensa e do jornalismo, em sua breve história, têm assim quase sempre exaltado os aspectos da tecnologia e das aparentes "conquistas" sociais derivadas do exercício jornalístico e relegado a um papel marginal a abordagem do aspecto cardial e determinista no desenvolvimento da indústria jornalística: a mercantilização. A maioria das obras sobre a história da imprensa e do jornalismo mais relata e exalta do que analisa a natureza e a dimensão dos fenômenos mercantis, determinantemente capitalistas, que moldaram e constituíram o que a imprensa veio a se tornar.

Assim, ao contrário da vertente positivista-funcionalista, uma história da imprensa verdadeiramente autêntica precisa levar em conta, considerando como matriz do processo, as raízes e os vetores que nasceram com o capitalismo e motivaram o aparecimento e o desenvolvimento da imprensa e do jornalismo. Não se pode narrar a história do jornalismo periódico sem que se contemplem as funções exercidas no emergente processo de industrialização, da assunção e da consolidação do liberalismo e do desenvolvimento econômico mundial nascido no século XV.

Considerando os postulados apresentados por Karl Marx e desenvolvidos por uma corrente significativa de teóricos, é necessário recuperar-se a compreensão de que a história da imprensa e do jornalismo encerra, em sua essência, o modo de produção da sociedade capitalista. Esse é o eixo central. A imprensa periódica surgiu em decorrência da necessidade de informação mercantil na florescente sociedade capitalista e, portanto, veio a suprir objetivamente uma necessidade do capitalismo.

Ciro Marcondes Filho chega a afirmar que imprensa e capitalismo são pares gêmeos. Dificilmente, diz o teórico brasileiro, pode-se imaginar a atividade jornalística, nascida no núcleo e inserida na lógica do modo de produção capitalista, como algo muito distinto do capitalismo. "Este só existe, pelo menos nos termos que conhecemos hoje – transformando informações em mercadorias e colocando-as, transformadas, alteradas, às vezes mutiladas, segundo as orientações ideológico-políticas de seus artífices, à venda" (Marcondes Filho, 1984, p. 22). Nesse sentido, a incipiente atividade econômica da imprensa jornalística é estruturalmente montada como empresa do e para o capital.

Este capítulo busca, dessa forma, apresentar a história da imprensa associando-a ao seu elo fundamental: o capitalismo. Numa visão inspirada na Teoria Crítica, buscar-se-á narrar os fatos que marcam o surgimento da imprensa e sua evolução, apontando diretamente a matriz desses fenômenos, no seu contexto social e econômico, e demonstrando como hoje o jornalismo vem capitulando aos princípios do modelo econômico hegemônico no mundo ocidental.

A base deste capítulo será extraída de dados sedimentados na história oficial, mas com a preocupação de se fugir da retórica do discurso clássico, evitando o reducionismo, procurando não cair na teoria conspiratória e fugindo à ingenuidade das análises e à simplificação metodológica. O exercício de releitura da História exige um distanciamento crítico e a necessária medida e o rigorismo da ciência. Isso estimula e dinamiza ainda mais o trabalho, já que, ao reler e recontar a História, se exercitará a missão proposta por Michel Foucault de desconstruir os monumentos para reconstruir os documentos.

A pré-história da imprensa

A primeira manifestação do que pode ser considerado o embrião da imprensa data da era pré-cristã, cerca de cinco séculos antes do nascimento de Jesus, e se refere a uma espécie de mural informativo utilizado pela civilização romana. Os historiadores contam que, na época do imperador César, o povo romano passou a dispor de dois tipos de publicações relativamente periódicas: a *Acta Senatus* e a *Acta Publica*.

A *Acta Senatus* continha as deliberações tomadas nas sessões do Senado e a *Acta Publica* divulgava informações oficiais diárias ou acontecimentos variados da vida romana. Eram afixadas em locais à vista do público, em alguns pontos do Senado e da periferia de Roma. Os seus redatores eram chamados de *actuarii* e, de certo ponto de vista, podem ser considerados os parentes mais antigos dos jornalistas profissionais.

O historiador Antonio Costella (1984) observa que seria correto atribuirmos a paternidade da invenção da imprensa periódica aos romanos, já que, se eles não chegaram a efetivamente criá-la, pelo menos estiveram muito perto de fabricar os primeiros jornais do mundo.

É certo que, durante muitos anos, a *Acta Senatus* e a *Acta Publica* representaram o papel da imprensa jornalística no mundo romano. Afinal,

> os maiores acontecimentos políticos e militares de Roma parecem ter recebido cobertura adequada nestes incipientes boletins informativos. Estes focalizavam, de acordo com aqueles que tinham a oportunidade de lê-los, anúncios governamentais, notícias das cortes de justiça, nascimentos, falecimentos, casamentos, cerimônias oficiais e projetos de construção. (Stephens, 1993, p. 146)

Alguns historiadores lembram, entretanto, que as *Acta* não reinaram sozinhas naquela época. Na mesma faixa histórica, apareceu na Grécia uma espécie de almanaque com informações diversas sobre astrologia, curiosidades, fatos do cotidiano etc. Eram chamados de *efemérides* e, numa visão condescendente, também podem ser considerados primos longínquos dos jornais contemporâneos.

De qualquer forma, as *Acta* e as *Efemérides*, que desempenharam, sob certo prisma, apenas um "cândido" papel informativo, deram os primeiros passos na longa trajetória da imprensa jornalística no globo, abrindo uma cultura e um mercado público para a produção, circulação e o consumo de informações. Depois deles, inúmeros outros rascunhos de periódicos surgiram aqui e ali, entre a era pré-cristã e a Idade Média, sempre com o fito de atender à oferta e à demanda de notícias pelos diversos extratos da sociedade.

O aparecimento da imprensa, e a constituição desta como uma atividade social consolidada, só emergiu, todavia, a partir do século XIV quando, podemos afirmar, se reuniram os fatores necessários para a sua aparição. Até o século XIV, não havia nem tipografia, nem mercado consumidor, nem público leitor, nem condições para o estabelecimento de uma indústria da informação. A Europa, centro do mundo, ainda vivia sob regimes econômicos, políticos e religiosos que não estimulavam em nada o desenvolvimento do negócio da notícia.

O mercado da informação só começa a sair de sua casca no final do século XIV quando aparecem as folhas e, a seguir, as cartas, na Europa, consideradas um dos principais elementos para a fermentação do iminente nascimento das gazetas, publicações que tinham, pelo menos, vontade de ser "jornal". Essas cartas levavam de um ponto a outro das nações européias os acontecimentos da vida cotidiana: fofocas, mexericos, novidades comerciais, eventos frívolos ou, mesmo, acontecimentos de relevância. Eram relativamente periódicas e tinham a missão de irradiar as informações mais relevantes do mundo europeu.

Pode-se dizer que as folhas e as cartas foram o suporte material inicial dos jornais, o germe da imprensa que veio a estabelecer, de forma artesanal, a iminente circulação de informações que se daria de forma industrial somente a partir do invento da tipografia por Gutenberg, na Alemanha, um século mais tarde.

As cartas e as folhas não só começaram a criar uma engrenagem de informações mas, sobretudo, instituíram o hábito do consumo de notícias. Os *nouvellistes*, espécie de "escribas" dos príncipes e mercadores da época, descobriram a necessidade nervosa da população pela informação e organizaram serviços regulares de correspondência manuscrita (em Londres chamavam-se *writers of letters*). Acabaram tornando-se os redatores das primeiras folhas volantes e provocaram a eclosão do processo de institucionalização da imprensa.

A notícia começava assim, lentamente, no século XIV a se configurar como uma mercadoria valiosa em um novo e próspero comércio. Transformada aos poucos em produto, a notícia manuscrita passou a contribuir para o funcionamento da engrenagem da sociedade capitalista, até se tornar um elemento imprescindível da nova civilização industrial.

> As notícias escritas – resolutamente cosmopolitas em sua perspectiva – que fluíam para dentro e para fora dos centros de comércio da Europa, possibilitavam aos homens de negócios compartilhar uma perspectiva, dividir a visão de um mundo amplo, ainda que não previsível – um mundo no qual era possível imaginar cargueiros chegando, juros sendo pagos e lucros auferidos. (Stephens, 1993, p. 174)

Essas notícias escritas a mão, às quais "se dava com freqüência o nome italiano de *avvisi* porque Veneza, grande entroncamento comercial, era um importante centro de difusão desses escritos, acabaram deixando sua marca em toda a Europa" (Albert & Terrou, 1990, p. 5).

A tipografia

Só com a invenção da tipografia no século XV é que se formou o caldo de transformações necessárias não só para a criação da imprensa periódica, mas também para a formação do universo do jornalismo no mundo. Ao criar a prensa de tipos móveis, em 1445, o ourives alemão Johann Gutenberg dava origem ao instrumento-chave para a formação de um mercado comercial para a compra e venda de informação e conhecimento.

Era uma época de prosperidade e a Europa estava sedenta de informações. O "mundo" fervia. A Renascença, a Reforma e as navegações e suas descobertas alargavam rapidamente o mundo europeu. As cidades cresciam, aspirando fluxos de dinheiro e de mercadores. Novas lojas, novas empresas, novos bancos e novas oportunidades surgiam todo dia. O desenvolvimento econômico impulsionava os negócios e inspirava iniciativas e demandas.

A revolução burguesa derrotava o feudalismo e começava a semear no horizonte europeu uma nova doutrina, o liberalismo, que acabou renovando e espalhando pelo continente um revolucionário padrão de mentalidades. O capital associado à liberdade de mercado passava, enfim, a constituir a pedra de toque da nova sociedade.

A sociedade precisava de informações e as pedia. O novo mundo e seu modelo baseado em um vigoroso crescimento econômico exigiam que se espalhassem estruturas para a disseminação dos acontecimentos. A informação era um combustível vital para a engrenagem dessa nova sociedade.

Assim, a invenção da imprensa periódica acabou se tornando uma questão de oportunidade. Os primeiros jornais representaram um instrumento poderoso de orientação e informação para os comerciantes, o catalisador necessário para a combustão de um novo modelo de economia e de vida. "Relatos de notícias preparavam os comerciantes a antecipar acontecimentos, e quanto mais preparados estivessem, mais dinheiro tinham possibilidade de faturar" (Stephens, 1993, p. 166).

Em um mundo de trocas e perspectivas mercantis, a informação tornava-se cada vez mais um elemento estratégico para a sobrevivência e o desenvolvimento dos novos capitalistas.

Através das informações que trocavam, os comerciantes de trigo de Veneza, os comerciantes de prata de Antuérpia, os mercadores de Nuremberg, os financistas de Augsburgo e seus sócios de negócios no mundo inteiro, estavam sendo aglutinados para formar uma sociedade baseada numa nova sensibilidade: a crença no capital. (Stephens, 1993, p. 105)

Logo depois de sua invenção, a prensa de Gutenberg se estendeu rapidamente por toda a Europa, espalhando por todos os países a idéia e a função da imprensa jornalística. "Em 1470, havia doze lugares com estabelecimentos com imprensa. Até o ano de 1489, havia 110 e, em torno do ano de 1500, havia mais de 200" (Martin, apud Williams, 1992, p. 20).

Surgimento da imprensa

Ano	Localidade	Ano	Localidade
1450	Alemanha (Mogúncia)	1684	Lima
1464	Itália (Roma)	1700	Paraguai (Missões)
1467	Suíça (Basiléia)	1707	Havana
1470	França (Paris)	1720	Oaxaca
1472	Holanda (Utrecht)	1739	Bogotá
1473	Espanha (Valência)	1755	Ambato
1473	Hungria (Buda)	1760	Quito
1474	Bélgica (Lovaina)	1766	Córdoba
1475	Polônia (Cracóvia)	1780	Buenos Aires
1476	Inglaterra (Londres)	1780	Santiago do Chile
1482	Áustria (Viena)	1792	Guadalajara
1482	Dinamarca (Odensee)	1794	Vera Cruz
1483	Suécia (Estocolmo)	1800	Cartagena de las Índias
1487	Portugal (Faro)	1804	Santiago de Cuba
1505	Turquia	1807	Montevidéu
1538	México	1807	Porto Rico
1564	Rússia	1808	Brasil
1642	Puebla de Los Angeles	1808	Caracas
1644	Noruega	1810	Grécia
1660	Guatemala		

A utilidade comercial da prensa, detectada desde cedo, acabou abrindo as portas do continente europeu para o mercado editorial jornalístico. Logo, as novas empresas do ramo da informação passaram a alcançar aqueles lugares que lhes ofereciam melhores e maiores possibilidades, isto é, os pontos mais florescentes do comércio internacional.

Assim, "as cidades de Colônia, Frankfurt, Antuérpia e Berlim, localizadas ao longo das maiores rotas comerciais européias, acabaram tornando-se os primeiros centros de produção de jornais" (Thompson, 1998, p. 64).

Na primeira metade do século XVI, "já circulavam entre as sedes centrais e periféricas das grandes companhias comerciais noticiários e boletins com informações de caráter político e econômico", embora ainda sem atender a um dos pré-requisitos fundamentais para um jornal: a periodicidade regular. "No começo, tratava-se de manuscritos que somente por volta do final do século, por iniciativa de alguns sagazes editores e impressores, foram transformados nos chamados livros de notícias" (Giovaninni, 1987, p. 147).

O húmus do capital serviu para alimentar e erguer as embrionárias empresas jornalísticas, condicionadas, desde cedo, pelo apetite para o lucro. Os primeiros jornais começaram a "engatinhar" seguindo as trilhas lucrativas abertas pelos comerciantes.

No século XVI,

> [...] com o aumento do comércio e de novas fábricas, novas redes de comunicação foram estabelecidas dentro da comunidade de negócios e entre os maiores centros comerciais. Casas comerciais e bancárias – como a família Fugger de Augsburgo e as grandes casas comerciais de Florença – construíram extensos sistemas de comunicação e começaram a fornecer informações aos clientes de uma forma comercial. (Thompson, 1998, p. 63)

Não se pode esquecer, portanto, de que tanto as primeiras tipografias quanto os primeiros jornais organizaram-se como empresas comerciais, que buscavam alcançar os mesmos resultados de todo o novo empreendimento capitalista: o capital.

As tipografias primitivas foram quase todas empresas comerciais montadas dentro do espírito capitalista. Em outras palavras, uma tipografia era um empreendimento como outro qualquer. Abrir uma impressão comercial significava investir capital na compra da sede, do maquinário e dos insumos, como o papel e a tinta. O sistema era gerenciado como um negócio, com receitas e despesas, e voltava-se, portanto, para a competição no mercado.

Jürgen Habermas lembra que

> [...] sendo oriundo do sistema de correspondências privadas, e tendo ainda estado por longo tempo dominada por elas, a imprensa foi inicialmente organizada em forma de pequenas empresas artesanais: nessa primeira fase, os cálculos se orientam por princípios de uma maximização dos lucros modesta, mantida nos tradicionais limites da primeira fase do capitalismo: o interesse do editor por sua empresa era puramente comercial. (1984, p. 213)

Nessas circunstâncias, fica evidente o caráter daquela que nós poderemos chamar de a primeira fase da imprensa periódica no mundo: a fase comercial. "O surgimento do mercado de jornais criou novos centros e novas redes de poder simbólico que se baseavam principalmente nos princípios da produção mercantil, e que eram por isso mesmo relativamente independentes do poder político e simbólico controlados pela Igreja e pelo Estado" (Thompson, 1998, p. 57).

Os jornais nascem arquitetados e vocacionados para a lógica empresarial do capitalismo e não, como apregoa a historiografia corrente, no sentido de emergir com uma posição ideológica, voltada para o exercício do poder político.

O surgimento da imprensa e do jornalismo está associado imanentemente ao comércio. A atividade comercial, isto é, o interesse em desenvolver um negócio lucrativo, foi, sem dúvida, a mola que ativou o processo de criação dos jornais.

Os primeiros jornais

Os primeiros jornais com periodicidade regular surgiram na Europa, quase dois séculos depois da invenção da tipografia, em decorrência, principalmente, das demandas criadas pelo processo de mercantilização da vida burguesa na Europa. Eram ensaios de jornais, já que cada um aprendeu a seu modo a criar uma nova linguagem e uma nova função social.

Entretanto, não existe hoje consenso sobre qual teria sido o primeiro jornal do mundo, dentro dos critérios estabelecidos para considerar-se uma publicação como tal. Esses critérios, apontados pelo teórico alemão Otto Groth[1] e praticamente consagrados na teoria do jornalismo, são periodicidade, universalidade, atualidade e difusão. Dependendo do critério que se queira utilizar, várias publicações podem ser consideradas o primeiro jornal do mundo.

Para alguns historiadores, explica Costella (1984, p. 83), "o mais antigo jornal impresso da História é o *Noviny poradné celého mesice zaari léta 1597*, cujo nome pode ser traduzido para Jornal completo do mês inteiro de setembro de 1597, mensário editado em Praga por Daniel Sedltchansky, a partir da data indicada no título".

O problema é que este era um jornal mensal, periodicidade considerada muito dilatada. Sendo assim, outros editores "preferem, portanto, colocar em primeiro lugar o *Nieuwe Tijdinghen*, semanário criado na Antuérpia por Abraão Verhoeven, cujo número inicial veio a lume em 1605" (Costella, 1984, p. 84).

Muitos historiadores aprovam essa indicação, mas lembram, entretanto, que as primeiras edições do *Nieuwe Tijdinghen* não tinham periodicidade fixa e o jornal tornou-se realmente semanal somente depois de várias edições. Por causa disso, "há os que preferem considerar como ponto de partida do jornalismo tipográfico, ou o *Ordinarii Avisa*, de Estrasburgo, ou o *Relation oder Zeitung*, de Augsburgo, ambos de 1609", e comprovadamente semanários (Costella, 1984, p. 84).

Mesmo assim, há ainda um problema: as datas. O teórico Conesa Sanchez (1978, p. 33), por exemplo, discorda de Antonio Costella (1984, p. 83) sobre o marco inicial dessas publicações. Para Sanchez, o *Nieuwe Tijdinghen* passou a ser editado na Antuérpia, por Abraham Verhoeven, a partir de 1605 e não em 1609.

Não bastasse isso, outro teórico, o alemão Michael Kunczik (1997, p. 23), garante que o primeiro jornal publicado diariamente no mundo foi o *Einkommende Zeitung*, nascido na cidade de Leipzig, a partir de 1650. Ainda, Beatriz Lage e Paulo Milone (1994) afirmam, sem citar o nome, que o primeiro jornal impresso teria sido editado entre 1583 e 1588, por Michel von Aitizing, na Alemanha. Era anual e tinha como objetivo descrever tudo o que era comercializado nas feiras comerciais de Frankfurt.

Dependendo do autor e de sua pesquisa, podem-se encontrar ainda muitas outras possibilidades de datas e publicações precursoras. De qualquer forma, existe uma luz no fim dessa polêmica. Entre as tantas possibilidades aventadas, a hipótese mais aceita é a de que o primeiro jornal do mundo a circular teria aparecido no ano de 1702, na Inglaterra. Trata-se do *Daily Courant*, diário e vespertino, editado por um jornalista chamado Buckley. A maioria dos historiadores considera essa publicação a pioneira, embora, naturalmente, nem assim haja unanimidade.

Apesar desses detalhes e acima dessa questão, os emergentes jornais periódicos vêm preencher uma necessidade latente do capitalismo naquele momento de expansão na Europa. Era fundamental a criação de um instrumento que viabilizasse a irrigação do continente com informações mercantis, além de servir, naturalmente, às demandas de conhecimento, educação e informação, em ebulição na também nascente sociedade de massas, que começava a ser erigida simultaneamente ao processo de urbanização e formação de centros populacionais naquele momento.

> O jornal surgiu como uma fonte indispensável de notícias rápidas e regulares no momento em que o trem, o barco a vapor, a hélice, o casco de metal, o telégrafo ótico e depois elétrico, estavam fazendo sua aparição em um processo que, virtualmente, significou uma aceleração da história. No mesmo período, a industrialização se fez cada vez mais importante e os trabalhadores agrícolas emigraram para as cidades. O periódico serviu, por um lado, para orquestrar as aspirações da burguesia ascendente e, por outro lado, teve um papel vital como voz organizadora para o proletariado urbano desenraizado e pobre, de modo que muitas de suas esperanças residiam na direção que iria tomar no desenvolvimento da educação, o progresso científico e, pelo menos na França, as urnas. (Williams, 1992, p. 16)

Uma observação de Conesa Sanchez (1978, p. 32) revela que a pré-história do jornalismo é fortemente marcada pela sintonia entre economia e mídia. Segundo ele, impressos do século XVI eram direcionados aos mercadores e narravam as principais ocorrências ligadas ao comércio. Além delas, algumas outras folhas eram destinadas a uma minoria política, dando conta de assuntos não comerciais, relacionados à corte ou às guerras.

Não há também, naturalmente, o registro de qual teria sido a primeira notícia formal nessa incipiente imprensa. Mas, segundo registros históricos, uma das narrativas mais antigas que poderia ser qualificada como notícia, dentro do conceito moderno, foi um relato italiano acerca de um torneio, documentado nos idos de 1470. Era, pelo menos, algo "parecido" com o conceito contemporâneo de notícia. Além desse caso, somente alguns "panfletos dispersos sobre as guerras com o império otomano, datados dessas primeiras décadas de utilização da imprensa", conseguiram sobreviver às guerras, à ação do tempo e à imperícia dos homens (Stephens, 1993, p. 186).

Junto com as mutações sociais, políticas, econômicas, filosóficas e culturais decorrentes da Renascença, a impressão dos primeiros jornais acelerou ainda mais a revolução comercial provocada no universo da informação e da comunicação iniciada pela tipografia. A institucionalização dos jornais abriu uma multiplicidade de novas possibilidades. Na ótica de Stephens (1993, p. 223), "ao transformar as notícias num produto produzido em massa, a imprensa fez do ato de coletar informação mais do que apenas uma função especializada – estabeleceu-o enquanto negócio".

A criação de novos jornais constituiu rapidamente o mercado da informação e aumentou proporcionalmente a competição nesse ramo dos negócios. Não bastava abrir um jornal, era necessário mantê-lo de pé, fazê-lo prosperar. Por isso, tanto os donos como os editores logo descobriram que a sobrevivência no mercado da informação exigia que o empreendimento fosse tocado com uma combinação de jornalismo e visão empresarial arrojada. O jornal era uma empresa e, como tal, precisava ser melhor, mais ágil e mais eficiente do que os concorrentes. Conquistar um lugar ao sol requeria que se encarasse friamente o mercado e as regras do jogo.

A ética do capitalismo estava enfim batendo à porta do mercado de jornais. Remonta ao início da imprensa periódica o uso das estratégias empresariais para a venda do produto informação na praça. Além de o jornal ser um bom produto, ele precisava obviamente ser vendido. Para tanto, era necessário recorrer aos mecanismos usuais utilizados pelos diversos ramos de negócios existentes na época. A informação deveria ser ofertada como qualquer outra mercadoria.

Em síntese, a informação abria os braços para o capitalismo, permitindo a sua reificação como objeto e mercadoria. Além de atender às necessidades latentes na sociedade burguesa da época, o mercado da informação precisava despertar nos consumidores as necessidades nem tão latentes. O capitalismo atendeu a esse problema.

O sintoma claro desse processo, isto é, da associação do capitalismo ao mercado da informação, foi a aparição de alguns exageros. Apesar de tratar-se de uma questão cultural, uma questão de processamento de arte, de filosofia, de idéias, das sensações mais puras do ser humano, para alguns, uma empresa era apenas uma empresa. Visava ao lucro e, mesmo no ramo da informação, não tinha nenhum compromisso com o público.

William Peter Hamilton, do *Wall Street Journal*, chegou a afirmar que "um diário é uma empresa privada que não deve absolutamente nada ao público, que não lhe concede nenhuma franquia. Portanto, não lhe afeta nenhum interesse público. Pertence enfaticamente ao proprietário, que vende um produto manufaturado por sua conta e risco" (Hamilton apud Sanchez, 1978, p. 53). Esse argumento expressa muito do pensamento médio da nova época capitalista da imprensa.

Diante das premissas do capitalismo, os novos empresários da informação descobriam que nem toda notícia, embora útil ou importante, ajudava a vender a mercadoria. Mais do que simplesmente arrolar os fatos do dia, para eles, os jornais deveriam oferecer novidades interessantes, curiosas, impactantes (ser, enfim, mercadorizadas), para poder despertar o interesse dos leitores e alimentar a engrenagem do capital.

Sensacionalismo

A estratégia de noticiar fatos incomuns ou anormais tem sido utilizada como um recurso normal na imprensa periódica. E, embora o senso comum histórico pregue que tal estratégia tenha passado a ser empregada só a partir do século XIX, verifica-se que ela tem sido utilizada desde os primórdios da história da imprensa mundial.

Desde a pré-imprensa, os noticiaristas, mesmo os mais amadores, descobriram que a fórmula sexo, sangue e violência é um ingrediente que pode atrair a atenção e a curiosidade dos leitores e transformá-los em consumidores potenciais.

Essa estratégia é identificada modernamente com sensacionalismo, um mecanismo que busca extrair o espetacular de fatos banais ou mesmo bizarros. Vários livros de história demonstram que o sensacionalismo remonta a obras impressas publicadas na era pré-cristã, muito antes da invenção da imprensa. Em Roma, por exemplo, os boletins informativos afixados na via pública já traziam notícias apimentadas sobre crimes e divórcios.

"No *Satyricon*, de Petrônio, está incluída uma sátira a esses boletins, abordando relatos sobre um incêndio e a crucificação de um escravo." Além disso, era "costume do imperador Cômodo (180-192 da era cristã) ordenar a inserção, na gazeta da cidade, de todas as suas ações torpes, abomináveis ou cruéis, típicas de um gladiador ou alcoviteiro" (Stephens, 1993, p. 17).

Entretanto, é a partir do florescimento das artes e da cultura, no século XVI, que recrudesce o recurso ao sensacionalismo. O fim da era feudal e a emergência de uma sociedade letrada na Renascença, que, portanto, deu início à fase da infância da sociedade de consumo, começaram a incentivar a manipulação da informação, já em nome da mais-valia.

Em sua obra *L'Information en France avant le périodique*, J. P. Séguin (apud Cádima, 1996, p. 80) elaborou uma breve estatística sobre as temáticas focadas nos *canards* (jornais) franceses do século XVI. A mostra revelou que a maioria relatava questões criminais, calamidades diversas, fenômenos celestes e fatos mais ou menos "maravilhosos".

No século XVI, especula Shaaber, devem ter existido muito mais notícias sensacionalistas do que sobre política, governo, guerra ou qualquer outro tema.

Em rigor, o sensacionalismo está presente em manifestações das eras da pré-imprensa e da imprensa, haja vista que a tendência humana para espiar as desgraças humanas parece estar enraizada na sua própria natureza. Aparentemente, os empresários da informação não fizeram nada além do fato de perceber essa vocação e aplicá-la como instrumento de "*marketing*" na venda de um produto cultural.

Como o princípio da sociedade capitalista é a mercantilização de produtos, os jornais e as notícias, assim como todo o espectro cultural de uma sociedade, acabam se rendendo a essa lógica. Quanto mais atrativa, mais vendável a informação. Quanto maiores a competição e a guerra entre empresas, mais agudo o processo de mercantilização.

Conseqüentemente, quanto mais a notícia manuscrita e impressa entrava na esfera pública, mais submetida às regras do capitalismo ela estava.

Além disso, o sensacionalismo parece ser uma técnica ou um estilo que, de certo modo, está radicado na própria essência ontológica da notícia. Está, de alguma forma, na natureza dos atos humanos o aspecto do sensacional. Cada ato tem o poder de mexer com os sentidos humanos, isto é, com as sensações, atingindo o homem com maior ou menor intensidade. Quando os atos transformam-se em notícias, os jornalistas transportam as sensações provocadas pelos fatos para a informação. Por isso, segundo determinada ótica, pode-se conceber que boa parte das notícias é, sob um aspecto relevante, sensacional. Embora, certamente, a maioria das notícias, visíveis nos tablóides, seja, na verdade, artificialmente sensacionalizada.

A partir da era da pré-imprensa, os tipos de "relatos" sobre fatos absurdos, estranhos, inusitados, assustadores etc. passam a ser chamados na Europa de *fait divers* (fatos diversos). Os *fait divers* eram e são até hoje as categorias de notícias banais apresentadas com base em seu caráter espetacular, sensacional etc. São as notícias que, embora de importância duvidosa, normalmente atingem em cheio a necessidade do público por informação. Apesar de elaboradas tomando-se a matéria-prima da realidade, essas notícias acabam funcionando como iscas para atrair leitores e vender jornais.

No século XIX, com o desenvolvimento da imprensa de massa, o sensacionalismo acaba se "profissionalizando" dentro das regras do *marketing* moderno e, assim, passa a tomar conta não só dos jornais, como da imensa maioria dos produtos midiáticos contemporâneos. O nascimento desse fenômeno está localizado principalmente nos Estados Unidos, berço do jornalismo de mercado altamente empresarial e submetido totalmente à lógica da mais-valia do capital.

O modelo de jornalismo capitalista se espalhou pelo mundo no século XX por intermédio do processo de colonização cultural e econômica dos países periféricos. Hoje, o modelo, representado pelo jornal *USA Today*, está disseminado por todos os continentes, mas fincou raízes profundas sobretudo nas nações mais fracas, dependentes economicamente dos Estados Unidos.

Ben Bagdikian, um dos principais estudiosos do processo e dos efeitos do jornalismo comercial norte-americano, lembra que, nos séculos XIX e XX, já era costume corrente nas cidades americanas garotos jornaleiros agitarem manchetes exageradas, enquanto berravam fragmentos de notícias alarmantes aos que passavam. "Qualquer incêndio, crime ou escândalo era usado para vender. Propagandas grosseiras e que serviam aos interesses próprios eram mascaradas como notícias" (Bagdikian, 1993, p. 156). Além disso, uma das razões para a vocação dos jornais para o sensacionalismo parece estar associada também à falta de profissionalização dos "primeiros jornalistas".

> Não havia repórteres profissionais até as primeiras décadas do século XX. Antigamente, os repórteres eram garotos que vinham das ruas e aprendiam a imitar seus predecessores. Quase não havia treinamento e padrões profissionais. A maior parte das vendas dava-se nas ruas, na mesma proporção em que manchetes chamativas e dramas exagerados afetavam os pedestres. Em jornalismo, assim como em outros campos de trabalho, treinamento e profissionalismo tornaram-se padrão somente após a Segunda Guerra Mundial. (Bagdikian, 1993, p. 156)

O primeiro curso regular de jornalismo do mundo foi criado em 1804 em uma universidade da Alemanha. Entretanto, a constituição de universidades e de centros de pesquisa sobre comunicação de massa, jornalismo, relações públicas, publicidade e propaganda e da, concomitantemente, profissionalização acontece no século XX, quando surgem e se desenvolvem os grandes veículos de comunicação de massa, o rádio e a TV.

Jornalismo de opinião

O jornalismo comercial dá lugar nos séculos XVII, XVIII e início do XIX a um jornalismo de opinião, passando a imperar as vontades e os interesses políticos e ideológicos dos mantenedores das empresas jornalísticas. Embora pertencesse e estivesse organizado dentro de padrões empresariais, o novo modelo de jornalismo passou a privilegiar os lucros políticos em detrimento dos lucros econômicos. A rentabilidade econômica vinha quase sempre como decorrência dos bônus políticos alcançados.

Essa foi essencialmente uma época de exercício e manifestação de poder. Os magnatas da imprensa usaram os jornais para promover bem como desfazer decisões políticas e econômicas, atuando direta ou indiretamente sobre os rumos dos governos, como aconteceu nos Estados Unidos, na Inglaterra e em tantas outras nações.

Francisco Rui Cádima (1996, p. 84) descreveu, numa frase, os grandes traços desse período histórico marcado pela introdução do jornalismo na arena política: "Os jornais passaram de meras instituições publicadoras de notícias para, além disso, serem porta-vozes e condutores da opinião pública, meios de luta da política partidária".

Como efeito dessa ação de intervenção editorial sobre os fatos e a realidade, a imprensa passa a deter força política e econômica e amealhar o respeito e o temor da opinião pública e dos setores sociais ligados ou próximos do poder. A imprensa conquista, em decorrência, a pecha de "o quarto poder", tamanha a sua capacidade de atuar sobre a sociedade.

Entramos, dessa forma, na segunda fase da história da imprensa periódica: a fase da opinião. As empresas jornalísticas submetem o objetivo comercial ao objetivo político. A sociedade ferve, as disputas ideológicas ocupam a arena social e a imprensa acaba espelhando essa conjuntura social.

Os jornais tornam-se palco de batalhas ideológicas, polêmicas, conflitos políticos, lutas e mobilizações sociais, instrumento de ataque e defesa de idéias. Panfletárias, as empresas jornalísticas devotam-se à causa da liberdade e capitaneiam várias cruzadas contra as injustiças e desigualdades sociais, lutando sim pela consolidação dos direitos humanos. Por outro lado, e ao mesmo tempo, os jornais passam a introduzir os folhetins, os romances e as poesias, e mergulham na lassidão e na liberalidade própria da literatura e dos artistas.

> De fato, na Europa, o grande século do jornalismo é, porventura, o século XVII, altura em que predomina um "jornalismo de escritores", ou "jornalismo de opinião", eminentemente ligados à emergência de uma opinião pública ativa, que seria determinante da consecução das revoluções liberais européias. (Cádima, 1996, p. 83)

É uma era de luta política, vista e narrada pelo jornalista-ideólogo, mas simultânea e intrinsecamente subjetiva, vista e narrada pelo olho do poeta e do prosador. Essa tradição, iniciada na Europa, se alastra pelos continentes e contamina majoritariamente a linha editorial das publicações da época.

As notícias eram fruto de momentos de impulsividade, emoção, inspiração, inquietação, e emanavam a verve iconoclasta, política, ideológica ou literária de seus prepostos. A partir do século XVIII, começam a surgir nos jornais artigos assinados por personagens de peso como Swift, De Foe, Chateaubriand, Victor Hugo, Lamartine, Balzac, Dumas etc.

Antagonicamente, começam a aparecer, a partir desse período histórico, os primeiros e logo rotineiros ataques contra a imprensa e seu efeito sobre a sociedade. Tais críticas, de caráter verdadeiramente demolidor, partem principalmente de filósofos, como Kierkegaard, Diderot, Voltaire, Rousseau, Herman Hesse, Karl Kraus etc. Os pensadores receberam o jornalista com resistência e desprezo, acusando-o de degradar o conhecimento e a intelectualidade.

Referindo-se aos jornais da época, Diderot escreveu na *Encyclopédea* uma síntese do pensamento moderno: "[...] todos esses papéis são o pasto dos ignorantes, o expediente e o refúgio daqueles que desejam falar e julgar sem se dar a leitura, o flagelo e o desgosto dos que trabalham". Outro exemplo da opinião letrada da época é encontrado em um texto escrito por Rousseau em 1755: "O que é um escrito periódico? Uma obra efêmera sem mérito e sem utilidade, cuja leitura, tida como descurada e desprezível pelas pessoas letradas, outro fim não tem que o de dar às mulheres e aos néscios tão-só vaidade e nenhuma instrução".

Naturalmente, essas críticas, emboras disparadas pelos intelectuais mais proeminentes dos séculos XVII e XVIII, não disfarçavam certa ojeriza aristocrática, classe social que intimamente arrogava a qualidade de ser cultural e geneticamente superior. Acostumados a ver os livros e as publicações em papel como redomas reservadas à alta cultura, a casta de intelectuais e letrados considerava os jornais periódicos e suas pílulas diárias de informação sobre o cotidiano e os acontecimentos diversos uma ofensa ao mundo da razão.

De qualquer forma, apesar das críticas e dos críticos, a era do jornalismo de opinião acaba sendo uma fase fundamental na história da sociedade mundial, já que se constituiu como uma aliada poderosa nas lutas e bandeiras levantadas na modernidade. A imprensa torna-se uma esfera pública em que os jogos entre os interesses públicos e os interesses privados são estabelecidos.

Publicidade

A introdução de anúncios publicitários nas páginas dos jornais a partir do século XIX transforma radicalmente o cenário da imprensa e inaugura a terceira era na história da imprensa: a fase da publicidade. O início da comercialização de espaços para anunciantes[2] permitiu que as empresas reduzissem custos de produção e diminuíssem sensivelmente os preços dos exemplares. Esse barateamento do jornal e o aumento proporcional do número de leitores levaram finalmente os jornais às massas, desencadeando uma nova etapa da grande revolução social burguesa iniciada pela Renascença e impulsionada decisivamente pela Revolução Industrial.

A paternidade dessa nova fase pode ser atribuída ao francês Emile de Girardin, filho de uma família burguesa, que em 1835 "lançou o jornal *La Presse* pela metade do preço que seus rivais e de menor custo, graças exatamente aos ingressos da publicidade". Girardin argumentava que, "já que o êxito comercial depende do número de assinantes, o preço deve manter-se o mais baixo possível a fim de se obter um número mais alto de subscrições. Seguindo essa filosofia, ele rapidamente alcançou uma tiragem de 20 mil exemplares diários do *La Presse*" (Martin apud Williams, 1992, p. 33).

Segundo os cálculos de Emile de Girardin,

> [...] as despesas com o papel e a difusão seriam pagas com os lucros das vendas, enquanto as despesas com a redação, a administração e a impressão deveriam ser pagas pela publicidade. O raciocínio, para a altura, foi revolucionário. Quanto mais barato for um jornal, mais leitores ele terá; quanto maior for o número de leitores, mais publicidade atrairá. (Correia, 1997, p. 107)

Girardin teria escrito as seguintes palavras nas páginas da primeira edição do seu jornal: "O produto dos anúncios está na razão do número de compradores do periódico; é preciso reduzir o preço de venda o máximo possível para potenciar ao máximo a cifra de compradores. Corresponde aos anunciantes pagar o periódico" (Sanchez, 1978, p. 43).

A intuição de Emile de Girardin idealizou um tipo de publicidade que bem pode ser qualificada de moderna e, assim, deu um passo decisivo para solucionar as contingências históricas que pressionavam o campo da imprensa periódica.

> Os novos meios de comunicação impunham algumas exigências de crescimento. As redações sentiam a necessidade de se desenvolver, inclusive numericamente, a fim de fazer frente aos novos compromissos, assim como os pontos de correspondência tinham de ser entregues a pessoal qualificado. A própria coligação com as agências de notícias exigia investimentos e custos

respeitáveis. Em outros termos, o jornal, ao se fazer adulto, corria o risco – se não tivesse descoberto outras saídas – de ser sufocado por uma dinâmica de custos em ascensão que, cada vez menos, podiam ser compensados somente pela arrecadação das vendas. Portanto, fez-se necessário criar uma nova fonte de rendimentos: a publicidade. (Giovannini, 1987, p. 166)

Numa análise objetiva, pode-se afirmar que "com o jornal *La Presse*, o francês Emile de Girardin faz nascer o 'suporte misto', que se traduz pela existência num mesmo jornal de textos redatoriais e de textos publicitários e, portanto, inaugurou um tipo de ligações (perigosas) entre a publicidade e a mídia que nunca mais deixou de marcar ambos e de constituir um condicionamento estrutural à atividade jornalística" (Correia, 1997, p. 106).[3] Com a publicidade,

[...] o jornal começava a assumir características reais de uma empresa, seja pelo tipo de relações de trabalho que se estavam estabelecendo, seja pelas convenções que se celebravam com entidades estatais, particulares e agências de notícias, seja – e talvez, sobretudo – pelo entrelaçamento que, no plano editorial e no aspecto comercial, começava a se criar entre a informação e a publicidade. (Giovannini, 1987, p. 168)

A inclusão da publicidade em grande escala foi decisiva, assim como o aumento das correspondentes tarifas. O diário e o semanário, que antes estavam reservados a uma elite intelectual e política, chegam agora às mãos de um público muito mais amplo. Os periódicos mudam também seu estilo para satisfazer as necessidades da nova demanda e oferecem ao público tudo quanto deseja receber. (Sanchez, 1978, p. 47)

Claro que a expansão da imprensa não tem a ver apenas com o barateamento dos jornais. Um vasto leque de fatores econômicos, políticos e sociais, como a alfabetização em massa, o aumento da educação pública, a decorrente elevação do nível cultural, o crescimento das cidades, a urbanização, a abertura de empresas e empregos, a especialização profissional, o aumento da massa salarial, além dos benefícios advindos do progresso das ciências e das técnicas, veio a se somar para criar um ambiente propício para a explosão do interesse e do consumo de jornais.

Ademais, o novo significado assumido pela publicidade na sua relação com a imprensa deve "ser compreendido também no quadro da evolução econômica, social, cultural e das mentalidades que acompanha o nascimento e o desenvolvimento da revolução industrial. Assiste-se então ao aparecimento da produção em série e ao aumento dos produtos no mercado" (Correia, 1997, p. 108).

O sistema de financiamento do jornal pela publicidade, segundo Sanchez (1978, p. 44), acabará sendo "desenvolvido de distintas maneiras segundo os países, porém em todos eles se impõem. Graças à publicidade, aumentam as tiragens e cresce também o número de páginas; em 1850 se pôde passar de quatro para oito páginas".

Apesar de ser celebrado como o pioneiro a introduzir a publicidade no jornalismo, Girardin não foi, na verdade, o "primeiro a perceber o interesse econômico dos anúncios para os jornais, nem muito menos o primeiro a introduzi-los na imprensa". É fundamental ressaltar que, na Inglaterra, em meados do século XVIII, "havia jornais que publicavam aquilo que se pode considerar anúncios ou 'ofertas comerciais', a fim de mais facilmente poderem suportar o pagamento das despesas de envio e das necessárias cauções" (Correia, 1997, p. 106). Inclusive, o primeiro jornal a receber regularmente anúncios publicitários pagos foi o *Daily Advertiser*, a partir de 1730, na Inglaterra (Giovannini, 1987, p. 149). Além disso, "a publicidade já era presente em publicações francesas como o *Le Voleur* (1828), *La Mode* (1829), o *Journal des Connaissances Utiles* (1831) e diversos outros periódicos de características populares" (Correia, 1997, p. 107).

Mattelart (1991, p. 19) lembra que "os norte-americanos, por exemplo, celebram como o precursor de sua publicidade um dos pais da nação, Benjamin Franklin, que, desde o ano de 1729, fez coexistir harmoniosamente anúncio e informação em seu *Pennsylvania Gazette*". Quebrando a tradição do anúncio-bloco compacto de três a quatro linhas, sempre desiguais e compostas em uma tipografia horrorosa, Benjamin Franklin, com espírito inovador, "introduziu espaço, jogos de caracteres e, sobretudo, introduziu as primeiras ilustrações".

O caso mais significativo, anterior ao *La Presse*, é o da *Gazette*, do médico francês Theophraste Renaudot, que no século XVII, precisamente a partir de 1631, já colocava anúncios regularmente em seu jornal.

> Theophraste Renaudot teria sido o inventor da agência de publicidade. Ao menos em sua forma primitiva. Em 1630, este publicista fundou um "*bu-*

reau de rencontre et d'adresse" em Paris, inspirando-se diretamente no projeto romântico de Montaigne. O filósofo dos Essais havia sonhado em fazer do "anúncio" (*advertissement* em francês antigo) um meio de "resolver o problema dos pobres", um meio de "*entreadvertirse*" para "*entreentenderse*" na prolongação das instituições de caridade e de assistência pública. (Mattelart, 1991, p. 18)

Por conta disso, Renaudot também é saudado por alguns como o precursor da introdução da publicidade no mundo jornalístico.

A diferença entre Girardin e seus antecessores (entre os quais Renaudot) "consiste em que, por uma parte, a publicidade dos séculos XVII e XVIII tinha características muito distintas à que foi iniciada com o *La Presse*; e, por outra parte, o fazer publicitário de Girardin é completamente moderno: vender o periódico barato para que sejam muitos os compradores e, assim, atrair mais publicidade, que é a que de fato paga a maior parte dos gastos empresariais" (Sanchez, 1978, p. 44).

Girardin lançou o jornal em direção à modernidade e provocou uma espécie de aceleração da história da imprensa. Com a introdução da publicidade em suas páginas, o jornal nunca mais seria o mesmo. A publicidade veio a moldar o processo de comercialização, mas, indireta e conseqüentemente, afetou todo o processo jornalístico.

A imprensa foi e está hoje indelevelmente marcada pela influência do modelo de financiamento publicitário, seja em suas rotinas de produção, circulação e de organização, seja em suas múltiplas técnicas de fazer jornalístico.

Na verdade, desde Girardin, o jornalismo passa crescentemente a ficar dependente da receita publicitária. Essa relação veio a evoluir tanto que hoje é quase impossível encontrar-se um jornal que não sobreviva quase exclusivamente dos ingressos publicitários.

Curiosamente, é nessa mesma época da introdução da publicidade no universo dos jornais que se consagra o ambíguo direito de liberdade de imprensa na humanidade. Os empresários da informação passam a reivindicar o direito à liberdade de imprensa acima de qualquer possibilidade de interferência ou controle legal. Para muitas empresas, a liberdade de imprensa torna-se o princípio, o meio e o fim do fazer jornalístico.

É notório que, embora apregoada como um direito que garante a liberdade de expressão e de opinião para todos os cidadãos, a luta pela liberdade de imprensa não escondeu e não esconde ainda hoje o sutil objetivo das organizações jornalísticas em praticar a liberdade de empresa, isto é, poder competir num mercado capitalista como qualquer empresa capitalista. Camuflados pela sanha histórica da humanidade na busca da liberdade plena, os empresários da informação acabam usando o direito de liberdade de imprensa como um estratagema para alcançar seus interesses comerciais.

A Penny Press

A publicidade acabou sendo o elemento-chave de um conjunto de transformações que a imprensa acabou sofrendo no século XIX. Empurrada pela nova forma de financiamento e pelo sopro de prosperidade da Revolução Industrial, a imprensa entra a partir da metade do século XIX em uma nova etapa, mais moderna e arrojada, em que se combinaram inovações tecnológicas, iniciativas originais, um agudo espírito empresarial e um contexto social em mutação. Além disso, o mercantilismo entrava em sua fase industrial, a classe média consolidava seu poder de consumo, a educação pública passava a formar uma legião de novos leitores e as tecnologias jornalísticas de impressão já permitiam a produção maciça de exemplares.

Essa etapa foi caracterizada historicamente como *Penny Press*, expressão que simbolizava o baratíssimo preço dos jornais ingleses na época, fixados em apenas 1 *penny*. Esse valor, bancado pela publicidade e considerado extremamente reduzido para os padrões de consumo do século XIX, tornou os jornais ainda mais acessíveis às parcelas consumidoras da população, em todas as faixas sociais. O fenômeno atingiu também a França (com jornais a 5 cêntimos), Alemanha, Itália, os Estados Unidos (onde os jornais populares foram cotados a 2 *cents*), e o Brasil, com os chamados jornais de tostão (moeda corrente na época).

A *Penny Press* provocou uma verdadeira transformação na imprensa. Com ela, introduz-se um conceito de notícia voltada para os temas do cotidiano das comunidades. O jornalismo volta-se à realidade, embora sem perder o hábito de olhar tudo com lentes de aumento. "Diz-se que ela descobriu a sociedade e passou a noticiá-la. Redefiniu o público e o privado. Orientou-se para a venda avulsa nas ruas, com os jornaleiros a apregoar as principais notícias das diversas edições do dia" (Amaral, 1996, p. 30).

O *New York Sun*, jornal norte-americano, é o marco inicial desse salto para o futuro. Editado por Benjamin Day, em 1833, o *New York Sun* reuniu em sua forma os conceitos que determinam a concepção de um jornal moderno. Era produzido em um regime industrial, possuía notícias com manchetes e chamadas características do jornalismo, adotava sistema de distribuição e circulação, passou a ser vendido em banca e, por fim, tinha a característica principal de se destinar a um público leitor da cidade a um preço econômico.

A maior conseqüência dos atos feitos por Benjamin Day, em seu jornal, e dos que se seguiram,

> [...] foi a redefinição de "notícia" para se adaptar aos gostos, interesses e capacidades de leitura do nível menos instruído da sociedade. Até então, "notícia" geralmente significava relatos de acontecimentos sociais, comerciais ou políticos de importância genuína, ou outras ocorrências de interesse comum. Benjamin Day, todavia, encheu seu jornal com notícias de outros gêneros – relatos de crimes, estórias pecaminosas, catástrofes e outras desgraças. (De Fleur & Ball-Rokeach, 1993, p. 67)

O sucesso de Benjamin Day acabou fazendo escola. Conta a história que James Gordon Bennett, um esperto escocês, gastou apenas 500 dólares para abrir o *New York Herald*, em Nova York, e assim fundar um novo império jornalístico. Seguindo os passos de Benjamim Day, James Gordon Bennett acabou sendo o pioneiro de uma das maiores mudanças na história da publicidade em jornais.

Bennett eliminou, em 1847, um tipo de sistema de publicidade que os jornais diários mantinham até então com seus anunciantes e foi seguido por todos os seus concorrentes ainda na década de 1840. Até Bennett, "os anunciantes pagavam aos jornais uma taxa anual para ter publicado anúncios ao longo do ano. A partir de 1847, o *Herald* passou a só aceitar publicidade diariamente submetida ao jornal e paga no ato, conforme o tamanho do espaço ocupado e a página em que o anúncio fosse editado" (Lins da Silva, 1991, p. 65).

Três anos mais tarde, em 1850, o *Herald* já despontava como "o mais importante veículo publicitário do país, principalmente por ter sua linha editorial voltada à divulgação dos acontecimentos de Wall Street. Naquele momento, a filosofia do jornal era de que a propaganda deveria atuar sempre no centro decisório das negociações, jamais na periferia" (Lage & Milone, 1994, p. 33).

O sucesso da *Penny Press* foi tamanho que a fórmula se espalhou e logo foi aperfeiçoada. A imprensa de 1 *penny* deu espaço para a imprensa de 1/2 *penny*, com o lançamento, por parte de Lord Nortcliffe, do *Daily Mail*, em 1896, na Inglaterra. O barateamento ainda maior dos jornais acirrou a competição e as tiragens dos jornais, alcançando novas massas de leitores e superaquecendo a então infantil indústria jornalística.

Do final do século XIX até 1914, "a circulação de vários diários britânicos aumentara até alcançar a cifra de 1 milhão. Na França, onde uma lei de 1881 assegurou a liberdade de imprensa, as tiragens continuaram subindo e nas vésperas da Primeira Guerra Mundial havia quatro periódicos matutinos com mais de um milhão de leitores a cada ano" (Martin apud Williams, 1992, p. 47). "Em 1830, nos Estados Unidos havia 65 diários, com uma tiragem absoluta de 78 mil exemplares. [...] Em 1840, já havia 138 diários nos Estados Unidos e a tiragem total já chegava a 300 mil exemplares" (Lins da Silva, 1991, p. 61).

Como conseqüência desse processo de transformação do mercado da imprensa e dos métodos do fazer jornalístico, nos primeiros trinta anos do século XIX, a imprensa politizante, na opinião de Luiz Amaral (1996, p. 26), acaba dando adeus e passando para uma imprensa comercializada. Isso se verificou tanto na Inglaterra, na França, como nos Estados Unidos.

> A partir da segunda metade do século XIX, o jornalismo europeu deixou de ser sobretudo veículo de opinião. A lógica preponderante já era a da empresa capitalista, com o objetivo de lucro. A nascente empresa de notícias se apossou do espaço da opinião pública. Habermas aponta como a imprensa se tornou manipulável à medida que se comercializava, tornando-se o pórtico de entrada de privilegiados interesses privados na esfera pública. (Ribeiro, 1994, p. 22)

Imprensa industrial

O século XX encerra a maior transformação vivida pela imprensa em sua história. O desenvolvimento econômico e cultural da sociedade, com a introdução de tecnologias da informática e cibernética, leva o campo da informação a agudizar o processo de produção, comercialização e circulação dos jornais.

Nascem novos e poderosos meios de comunicação de massa, como rádio, TV e internet, o que instala um regime de competição acirrada no campo da informação. As diversas mídias canibalizam o mercado e otimizam o processo de *marketing* empresarial, para garantir sua sobrevivência.

A televisão instaura a era do audiovisual, magnetizando as massas em torno da imagem e quebrando o ciclo de três séculos da era alfabética inaugurada por Gutenberg. Por sua vez, a internet surge como um meio radicalmente novo, que, embora ainda seja uma esfinge indecifrada, parece já estar quebrando o ciclo da imagem e inaugurando uma nova era de interatividade e virtualidade.

Some-se a isso o ambiente de ruptura provocado pelo chamado fim da modernidade e início da pós-modernidade. Pensadores dos campos da filosofia e da sociologia apregoam a falência das idéias e das ideologias e o próprio fim da História.

Apesar de todos esses fortes e incisivos aspectos, o dado mais significativo nessa nova revolução parece ser o efeito social provocado pela hegemonia, no século XX, do projeto ultracapitalista neoliberal. A partir da derrocada do projeto socialista em países do Leste Europeu e do mundo asiático, as nações e o universo econômico e empresarial progressivamente se rendem à lógica capitalista avassaladora, que passa a prevalecer hegemonicamente.

O modelo do ultracapitalismo, embalado pelo sonho americano de um pancapitalismo, reestrutura relações comerciais, industriais e empresariais, determina o *laissez-faire*, a desregulamentação e a política de privatizações e reconfigura, em conseqüência, o universo da comunicação e da informação.

As empresas jornalísticas são obrigadas a se curvar à etica do ultracapitalismo. O principal efeito para o universo da comunicação é a sua subordinação às regras do livre mercado. A informação deixa de representar a verdade e defender o interesse público e passa a operar na lógica do interesse econômico.

A prática de informar subordina-se às intempéries do modelo capitalista. Isso acaba abaulando a espinha dorsal da informação, das notícias, do jornalismo, da imprensa em geral e dos jornalistas. Desnorteado, o campo da informação é invadido silenciosamente pela área da publicidade.

A imprensa periódica assim entra em sua quarta fase: a fase industrial publicitária ultracapitalista. Esta combina a "escola" da fase publicitária, potencializando-a ainda mais, mas também associa as estratégias de mercado, de *marketing* e de persuasão que vão moldar, em última instância, todo o processo de produção da chamada Indústria Cultural.

Correia observa que, nesse período,

> [...] estreitam-se ainda mais as relações entre a economia e a informação, entre o campo econômico e o campo mediático, com a crescente anexação deste por aquele, no quadro mais amplo de uma progressiva "mercantilização" do espaço cultural e "mercadorização" dos produtos culturais. Neste processo, a publicidade ocupa um lugar central [...], tornando-se preponderante. (1997, p. 112)

A expansão da publicidade e dos concomitantes interesses empresariais sobre o espaço editorial no século XX é latente em todos os jornais do mundo submetidos ao processo de "globalização" do ultracapitalismo.

Enquanto "no século XVIII, os anúncios só abrangiam cerca de um vigésimo do espaço dos folhetins com anúncios" (Habermas, 1984, p. 223), "pode ser válido o cálculo de que a publicidade representou entre 10 e 20% dos ingressos totais da maioria das publicações até meados do século XIX e de 30% em sua segunda parte" (Ferrer, 1997, p. 109).

Segundo Bagdikian,

> [...] em 1940, os jornais diários americanos tinham, em média, 31 páginas, das quais 40% eram ocupadas pelos anunciantes, ou seja, 12 páginas e meia. Os consumidores pagavam dois centavos por todo o jornal e ganhavam 18 páginas e meia de matéria editorial. Em 1980, os jornais tinham 66 páginas em média, das quais 65%, ou seja, 43 páginas, eram de anúncios. Já por essa época, os leitores estavam pagando 30 centavos por todo o jornal, do qual aproveitavam 23 páginas de matéria editorial. (1993, p. 170)

Associado à invasão do espaço jornalístico pela publicidade, assiste-se também ao processo de colonização da lógica publicitária sobre a lógica jornalística. Os mantenedores, diretores, editores, repórteres, redatores, diagramadores, todo o universo dos profissionais do mundo da informação é afetado pelo rolo compressor da ética hegemônica do mercado e da publicidade.

Diluem-se até as sutilezas que garantiam uma espécie de ética mínima à comunicação e à informação. A liberdade de imprensa torna-se um direito secundário da liberdade de empresa vigente e evidente.

Nesse aspecto, são emblemáticos os estudos feitos por Serge Halimi, em *Os novos cães de guarda* (1998), por Pierre Bourdieu, em *Sobre a televisão* (1997), por Ignacio Ramonet, em *A tirania da comunicação* (1999), por Ciro Marcondes Filho, em *A saga dos cães perdidos* (2000), por Ben Bagdikian, em *O monopólio da mídia* (1993), por Fernando Correia, em *Os jornalistas e as notícias* (1997) e por José Albertos, em *El ocaso del periodismo* (1997), entre tantos outros.

Pierre Bourdieu revela, por exemplo, que hoje a "mentalidade-índice-de-audiência" é que acaba determinando e condicionando o caráter jornalístico no mundo da informação, embora esta não seja sequer uma mentalidade consciente, mas apenas uma rendição à lógica da era pós-moderna.

Ben Bagdikian (1993, p. 29) não hesita em afirmar, inclusive, que "os conteúdos editoriais das publicações e dos programas de rádio e televisão são cada vez mais determinados pelas folhas de computador que descansam sobre as escrivaninhas das agências de publicidade". Ou seja, para o teórico norte-americano, "jornais e revistas adentraram uma fase em que as expectativas imediatas dos anunciantes são mais prioritárias que as expectativas dos leitores".

Veja-se o caso das revistas.

> Nas primeiras revistas, os anúncios eram relegados às páginas de trás, visto que, na opinião dos diretores, representavam uma invasão do espaço do leitor. No entanto, por volta de 1890, quando a renda gerada pelos anúncios tornou-se importante, as agências de publicidade insistiram para que fossem trazidos para as páginas da frente. (Bagdikian, 1993, p. 172)

O poder das empresas e dos anúncios publicitários sobre jornais e revistas cresceu tanto que a revista brasileira *Senhor*, na década de 1970, chegou a publicar periodicamente o índice dos principais anúncios de cada edição ao lado do índice das principais reportagens. Era a verdadeira consagração do poder publicitário.

Bagdikian (1993, p. 198) observa que, "como conseqüência de todo esse processo, nos anos cinqüenta do século XX, as revistas bem-sucedidas continham 65% de anúncios. Já então, a maioria era projetada fundamentalmente para a publicidade, mais do que para o conteúdo editorial".

Hoje, a presença da publicidade sobre a mídia contemporânea é verdadeiramente avassaladora. Segundo

> [...] dados de 1989, reconhecidos pelo jornal *The Economist*, que poderiam atualizar-se até 1995 com uma porcentagem de incremento acumulado de 15%, indicam que os gastos de publicidade no mundo foram de 240 bilhões de dólares, quantidade a que se soma cada vez mais a mercadotecnia promocional, com ao redor de 380 bilhões de dólares. Em conjunto, um gasto equivalente a 120 dólares por pessoa, quase a metade do que o mundo investe em educação: 207 dólares *per capita*. (Ferrer, 1997, p. 110)

Localiza-se, dessa maneira, nessa etapa histórica, o nascimento da imprensa cor-de-rosa. A imbricação dos cânones da lógica publicitária com os princípios da imprensa e do jornalismo faz com que hoje o processo de produção, processamento e distribuição da informação midiática seja de natureza essencialmente *light*, relativista, transgênica, marketizada, mercantilizada e mercadorizada. Os jornais passam a ser feitos preferencialmente para agradar a todos e, sobretudo, o capital. Diluem-se as referências e os imperativos que sustentavam os pilares do jornalismo idealizado pelas cartilhas e pelos manuais.

A imprensa cor-de-rosa revela-se, de certa forma, como a superação da imprensa marrom e da imprensa amarela, suas predecessoras. A imprensa amarela nasceu nos Estados Unidos como uma conotação das histórias em quadrinhos divulgadas em páginas amarelas e está associada à época do nascimento do sensacionalismo, com a superlativação das notícias pelos jornais para angariar leitores. Os fatos eram superdimensionados para que se garantisse um caráter de espetacularidade e curiosidade.

A imprensa amarela foi engolida rapidamente pela imprensa marrom, quando esta não só potencializou o sensacionalismo como começou a fabricar, manipular, distorcer e subverter os fatos noticiosos. A imprensa marrom inaugurou a era dos escândalos, da denunciação, do jornalismo mexeriqueiro, das sessões de fofocas, das notícias dos bastidores da sociedade, para intencionalmente produzir um ambiente de sensacionalismo. Estão associadas, a essa etapa, as reportagens de caráter especulativo e espetacular sobre o mundo da política, dos artistas, das personalidades públicas. Os jornalistas manipulam arbitrariamente os fatos, imaginando, inferindo, especulando, inventando, para deles extrair o máximo de sensacionalismo.

A imprensa amarela e a imprensa marrom não desapareceram, pois estão presentes ainda em grande parte do universo jornalístico ocidental e oriental. Entretanto, estão deixando de ser hegemônicas, uma vez que a necessidade primeira da imprensa em auferir lucros, audiências e publicidades faz com que o jornalismo hoje seja preferencialmente condicionado a tratar tudo de maneira que atraia o capital e seja um produto aceito universalmente. A fórmula do espetáculo e do sensacionalismo, natural ou fabricado, acabou condicionada hoje, entretanto, a não ferir os interesses superiores do capital.

Notas

1. O alemão Otto Groth é considerado um dos pais da teoria do jornalismo. Ele publicou em Berlim, em 1928, um verdadeira enciclopédia sobre a técnica e a filosofia da linguagem jornalística, numa obra considerada um clássico. Intitulada *Die Zeitung*, a obra está dividida em quatro volumes.

2. Segundo Beatriz Lage & Paulo Milone (1994, p. 33), o "primeiro anúncio que se tem notícia foi estampado num papiro, em Tebas, cerca de 3 mil anos a.C. Os primeiros anúncios divulgados pela imprensa surgiram através do *Mercurius Brittannicus* de Londres, em 1652, e versavam sobre a comercialização do café. Em 1657, o *Public Advertiser*, outro jornal londrino, passou a trazer anúncios regularmente. Em 1666, surgiu um marco importante: o *London Gazette* lança um suplemento especial exclusivamente dedicado aos anúncios comerciais".

3. Segundo Correia (1997, p. 107), o primeiro símbolo do suporte misto entre o jornalismo e a publicidade foi o *The Times* (fundado em 1788) com toda a sua primeira página consagrada aos pequenos anúncios.

/ 3

A era da publicidade

> *Publicidade é a arte de prender*
> *a atenção da inteligência humana*
> *apenas o suficiente para*
> *ganhar dinheiro com isso.*
>
> CHUCK BLORE

> *Nós já transgredimos tudo,*
> *inclusive os limites da cena e da verdade [...].*
> *Não haverá mais juízo final.*
> *Nós já fomos além dele.*
>
> JEAN BAUDRILLARD

A partir da segunda metade do século XX, a publicidade[1] comercial assumiu um papel central no mundo capitalista. A linguagem da sedução passou a modelar as relações sociais, políticas e econômicas e transmutou diretamente o universo da sociedade, da comunicação e da cultura. Hoje, podemos afirmar que a publicidade transformou-se em um dos motores da engrenagem da sociedade capitalista de massa e, sobretudo, qualifica-se já a assumir o lugar da imprensa no posto de quarto poder de nosso modelo econômico de sociedade.

Cada vez mais, os empresários têm entregado o gerenciamento de suas decisões às estratégias de *marketing* dos publicitários. Os políticos e os candidatos a um cargo na vida política têm se rendido aos conselhos das agências especializadas. Os artistas e as personalidades públicas passam cada vez mais a ouvir os ensinamentos dos profissionais da imagem. E os governos e os governantes também se tornaram um público fiel à sabedoria moderna desses apóstolos, verdadeiros guias da vida pós-moderna.

Alimentada por poderosos financiamentos, a publicidade pós-moderna

[...] cobre atualmente cada esquina de rua, as praças históricas, os jardins públicos, os pontos de ônibus, o metrô, os aeroportos, as estações de trem, os jornais, os cafés, as farmácias, as tabacarias, os isqueiros, os cartões magnéticos de telefone. Interrompe os filmes na televisão, invade o rádio, as revistas, as praias, os esportes, as roupas, acha-se impressa até nas solas dos sapatos, ocupa todo o universo, todo o planeta. (Toscani, 1996, p. 22)

Parece que não há nenhum lugar no mundo que esteja livre da publicidade.

Em um circuito automobilístico pode-se ver carros de corrida que correm a mais de 300 km/h levando anúncios pelo valor de 75 milhões de dólares ao ano. Vai-se ver um filme e se comprova que os difusores comerciais têm pago uma bela soma para que suas estrelas favoritas utilizem seus produtos na película. Observe qualquer pessoa [...] e veja corpos humanos convertidos em anúncios ambulantes, com nomes de marcas em camisetas e bonés. (Praktanis & Aronson, 1994, p. 23)

A maioria das revistas e dos jornais americanos reserva 60% a 65% de suas páginas para a propaganda. A edição de domingo do jornal norte-americano *New York Times* chega a ter 350 páginas de anúncios. Há estações comerciais de rádio que transmitem quarenta minutos de comerciais por hora.

A publicidade salta aos olhos e ao corpo de todos na sociedade apoteótica do consumo. É quase impossível hoje que uma pessoa faça algo na sociedade sem esbarrar com os apelos sedutores do consumo. A galáxia de signos, ícones, logomarcas, arquétipos, *bottons, designs, jingles, layouts,* logotipos, *spots, teasers, displays, folders, tie-in,* vinhetas, *slogans,* praticamente reveste o universo midiático como uma segunda pele.

Viver em qualquer cidade grande ou média do mundo ocidental significa hoje estar em meio a um verdadeiro bombardeio cultural, com mensagens de todas as formas e conteúdos procurando aliciar, persuadir e convencer os cidadãos. Mesmo que não queira, ninguém consegue viver alheio a esse tiroteio de tentações.

Se alguém assiste 30 horas de televisão por semana (como faz o norte-americano médio) verá aproximadamente 37.822 anúncios por ano. Isso eqüivale a mais de 100 comerciais de televisão por dia. Além disso, os norte-americanos recebem, em média, 216 exemplares de anúncios por correio e ao redor de 50 chamadas telefônicas de empresas de marketing eletrônico, que chamam uns 7 milhões de pessoas por dia. (Praktanis & Aronson, 1994, p. 22)

A onipresença da publicidade pós-moderna movimenta a cada dia que passa gigantescas verbas em todo o mundo.

De acordo com o relatório oficial publicado pela Associação das Agências de Consultoria em Comunicação (AACC), sindicato francês, em janeiro de 1994, a publicidade representava para as empresas européias um orçamento de 330 bilhões e meio de francos, investidos nos grandes meios de comunicação [...], 406,7 bilhões nos EUA, 172 bilhões no Japão. (Toscani, 1996, p. 21)

A soma total desses orçamentos publicitários corresponde, em conjunto, à metade da dívida externa de toda a América do Sul, toda a dívida dos países do Oriente Médio ou da África do Norte.

"Nos países ocidentais, essa mina de ouro eqüivale a 1% do PNB, ou seja, o orçamento médio alocado aos Ministérios da Cultura de cada um deles. Oitenta e cinco bilhões de francos investidos em publicidade na Alemanha contra 92,64 bilhões na Inglaterra e 48,7 bilhões na França, segundo as fontes da AACC" (Toscani, 1996, p. 22).

No mundo desenvolvido, lembra Ismar de Oliveira Soares (1996, p. 50), o "orçamento publicitário está perto do dobro daquele destinado à instrução pública".

A publicidade tornou-se assim a seiva da sociedade, por onde passam, giram e confluem todos os movimentos sociais. Trata-se não somente do universo físico presente no dia-a-dia de cada pessoa, mas também na imensa estrutura invisível e imaterial que se acomoda nas mentes de consumidores de maneira inconsciente. Cria-se, dessa forma, uma atmosfera publicitária que orbita dentro e fora dos indivíduos e influencia as mentalidades e o próprio devir da sociedade.

Não é exagero considerar que esse novo império de signos, imagens e ícones transforma a publicidade numa espécie de novo farol da sociedade, para onde convergem todas as ânsias, os fetiches e enigmas submersos na inconsciência. Símbolo de referência, a publicidade transforma-se em uma obra de reverência e submissão, mesmo contra todas as aparências e os desejos confessos.

Segundo Oliviero Toscani, apud Soares (1996, p. 50), "a publicidade tornou-se, em nossa época, um modo dominante da comunicação e, portanto, um elemento decisivo da cultura que nos molda". Isso equivale a dizer que a sociedade vive categoricamente debaixo de uma hegemonia publicitária, já que, para Toscani, qualquer imagem publicitária, mesmo a mais idiota, tem uma significação sociopolítica e, invariavelmente, um efeito social.

> Não há imagens que não tenham uma mensagem, uma significação. As imagens que projetam as supermodelos, as supermentiras, são de qualquer forma imagens sociopolíticas. E mais, "são imagens persecutórias", uma vez que estabelecem padrões de comportamento que excedem a capacidade de imitação por parte da maioria absoluta dos seres humanos: "Se não me pareço com Claudia Schiffer, melhor parar de ser mulher". (Toscani apud Soares, 1996, p. 50)

A hegemonia da publicidade representa, sobretudo, a hegemonia de um modo de vida, uma concepção humana de ser e estar, do que é ter e do que é representar. A publicidade permite ao ser humano encarnar um conceito, uma idéia ou uma imagem.

A publicidade transcende os limites das convenções, da moral e dos simbolismos sociais, permitindo ao ser humano, pelo ato do consumo e do que representa o poder de consumo, refundar-se. Não fosse a possibilidade real-fictícia do TER que a publicidade oferece, confundindo ao mesmo tempo TER com SER, a publicidade provavelmente não teria tanta ascendência sobre a sociedade.

Além disso, a publicidade trata de racionalizar o modo de vida capitalista e acaba arranjando um sentido para a própria existência humana. "O discurso publicitário fala sobre o mundo, sua ideologia é uma forma básica de controle social, categoriza e ordena o universo. Hierarquiza e classifica produtos e grupos sociais. Faz do consumo um projeto de vida" (Rocha, 1995, p. 26).

É certo que a publicidade, como forma de os vendedores persuadirem indivíduos a comprar mercadorias, acompanha naturalmente toda a história da humanidade. A era medieval já continha os traços da vocação humana para comercializar a vida em sociedade e a era moderna é a própria história da mercantilização expansionista e do enraizamento do capitalismo no solo do planeta e na alma do homem. O século XX foi, contudo, o espaço social onde a publicidade começou a trilhar a sua trajetória imperialista e passou, lentamente, a tomar conta do ideário e do imaginário coletivos. Cada novo empreendimento capitalista, cada novo produto industrializado, cada nova tecnologia ajudou a pregar a publicidade bem fundo na moldura da sociedade.

Graças ao processo de estetização pós-moderna generalizada, a publicidade transformou-se hoje na grande arte universal da persuasão, empregada para dinamizar um mercado de bens materiais e simbólicos e, com isso, reproduzir o modo de produção do capital, sustentar a hegemonia da classe dominante e manter vivo, perpetuamente, o sistema capitalista. Foi, sobretudo, a partir da década de 1930, após o *crash* da Bolsa de Nova York e a Grande Depressão americana, que a publicidade foi utilizada como principal remédio para socorrer o capitalismo moribundo, reaquecendo novamente o modo de produção e vitaminando as relações intercomerciais e interindustriais.

A publicidade tornou-se, ao mesmo tempo, o grande dínamo e o grande promotor do mercado capitalista. A linguagem do mercado alimenta e dá propulsão necessária para manter sempre em combustão um mercado fundamentado no produtivismo e no consumismo. A dinâmica da publicidade trata de ligar a produção ao consumo, estabelecendo a lógica de manutenção do sistema.

Além disso, a engrenagem publicitária capitalista foi usada durante o século XX, nas palavras de Herbert Schiller, apud Snow (1998, p. 6), para fazer o sistema americano de dominação palatável em casa e aceitável para as nações do mundo. A estrutura da propaganda capitalista americana foi empregada durante a Guerra Fria para promover a defesa da existência do capitalismo contra as ameaças de mudança vindas do comunismo e do socialismo e para capturar o capital estrangeiro e as empresas privadas de ex-colônias no mundo.

Dessa forma, a publicidade prestou-se, ao longo do século XX, para estender os tentáculos do capitalismo por todo o mundo e enraizar a mentalidade do mercado no seio das diversas sociedades.

Em síntese, capitalismo e publicidade cresceram e se desenvolveram juntos no século XX. Com a conquista de cada novo mercado, com a aceleração do capitalismo e a conseqüente dinamização das relações econômicas na vida em sociedade durante o século XX, acabou sendo promovida, simultaneamente, a aceleração do processo de expansão e hegemonia da publicidade.

Sobretudo, é a partir da oitava década do século XX que a publicidade passa a solidificar a conquista total da sociedade mundial.

Nos anos 80, as velhas instituições, em busca de um banho de juventude, se deixaram ganhar, uma atrás da outra, pela arte e pelo imaginário publicitários, para redefinir sua relação com a sociedade. A Igreja para coletar o dinheiro do culto, o exército para recrutar, o Estado para dinamizar sua relação burocrática com seus administrados, as organizações de caridade para estender seu prato esquecido pelo Estado-Providência. (Mattelart, 1991, p. 15)

Nada escapou ao tropel da publicidade na década de 1980. A simbologia da persuasão penetrou fundo na cultura popular e, aclamada pela razão técnica e instrumental, se irradiou em espirais por todo o mundo desenvolvido.

Na cultura dos Estados Unidos, país que se transformou numa espécie de meca do mercado globalizado, para onde convergem todo ano milhares de "romeiros" do consumo, a publicidade ocupa hoje um lugar todo-poderoso. Ela "tornou-se um símbolo mundial da reputação de que goza o país, como a terra do leite e do mel, onde todos têm acesso a infinitos bens materiais" (Bagdikian, 1993, p. 223). A publicidade está incrustada, assim, na própria imagem que o mundo tem dos Estados Unidos como uma terra de liberdade, de prosperidade e de oportunidade.

A dimensão alcançada pela hegemonia da publicidade e pelos publicitários[2] sobre a sociedade capitalista pode indicar, no alvorecer do terceiro milênio, o nascimento de uma verdadeira civilização publicitária, eletrificada por um universo de imagens, símbolos, mitos e *slogans*. Esta "publisfera" torna-se, além da engrenagem e da lógica de funcionalidade do sistema, o próprio oxigênio da nova civilização.

A sagração desse modelo de civilização deve-se, em parte, à emergência da sociedade da imagem, com o advento dos meios de comunicação eletrônicos a partir do início do século XX e à alforria incondicional do livre mercado, pelo processo totalizante do chamado neoliberalismo. Tais fatos contribuíram, no limiar do terceiro milênio, para a constituição da sociedade de consumo.

A sociedade de consumo

O desenvolvimento industrial, comercial, tecnológico e de serviços, experimentado, sobretudo, pelo mundo ocidental a partir do século XVIII, graças à Revolução Industrial, cimentou os alicerces para a constituição de uma sociedade voltada para o consumo de bens materiais ou simbólicos no século XX. Com a produção e a oferta generalizadas de produtos eletrodomésticos, maquinarias, alimentos descartáveis, automóveis, têxteis, telefones, aparelhos portáteis, computadores etc., além do progressivo aumento do capital circulante e da elevação do poder aquisitivo das classes trabalhadora e burguesa, a sociedade passa então no século XX a se embriagar numa orgia consumista.

Essa lógica comercial muda a natureza do homem e da sociedade. O homem que entra no século XX como cidadão sai dele como consumidor.

Tudo passa a ser medido pelo seu valor como mercadoria e, portanto, tudo ganha preço e torna-se passível de ser comercializado. É o início, segundo os discípulos da Teoria Crítica, do processo de reificação. Mesmo em comunidades isoladas, como os aborígenes australianos ou os índios das tribos amazônicas, essa hierarquia de valores está presente, pois não é o indivíduo ou a comunidade que estabelece tais parâmetros, mas sim os padrões culturais predominantes de uma etapa histórica.

Uma das molas desse processo vem da publicidade, que otimiza o mundo simbólico criado pelos meios de comunicação, principalmente a televisão e a internet. Junto com as araras e os balaios de produtos, os consumidores passam a adquirir também imagens, símbolos e fantasias, embrulhados pelo mundo virtual da supracultura midiática.

As coisas passam assim a valer pela sua representação e não mais pela sua significação. O *marketing* teatraliza os significados e isso é o que basta na lógica do novo cidadão/consumidor.

Jean Baudrillard (1997, p. 63) denuncia a era contemporânea como uma fase eivada totalmente pelo simulacro, que rompe os limites da farsa e falsificação. A humanidade estaria mergulhada, na visão do autor, em uma grande e turva névoa de imagens.

Outra fonte desse processo nasce com a hegemonização do neoliberalismo, que institui uma neoflexibilização, uma neo-relativização e uma neomercantilização da sociedade. A regra passa a ser o *laissez-faire* e o *laissez-passer*, políticas de um viés liberalista que asfaltam o processo da dita "globalização" dos mercados econômicos mundiais.

A sociedade capitalista atinge um estágio em que o consumo torna-se quase que uma religião, que condiciona e organiza a vida econômica, com reflexos gerais em todas as outras esferas da vida privada. Numa época em que se acirram novamente os fundamentalismos, o modo de vida consumista assume ares muitas vezes de devoção e fanatismo.

Chegamos ao ponto, afirma Baudrillard (1995, p. 19), em que "o consumo invade toda a vida, em que todas as atividades se encadeiam do mesmo modo combinatório, em que o canal das satisfações se encontra previamente traçado, hora a hora, em que o 'envolvimento' é total, inteiramente climatizado, organizado, culturalizado".

Ciro Marcondes Filho acredita que o consumo torna-se a própria redenção do ser humano. Como um todo, diz ele,

[...] o consumo é um discurso, a última "explicação total" que sobrou à humanidade. Com o fim das filosofias, dos programas políticos, das utopias, das crenças e das esperanças racionais na ciência e no progresso, aparece um "macrodiscurso" único, universal, poliglota, que engloba todos os desejos, as aspirações, as expectativas, as esperanças. (Marcondes Filho, 1993, p. 54)

O pensador brasileiro chega a declarar que "o consumo é a síntese, a ligação lógica, o que torna nítido esse universo do terceiro milênio: a absoluta desimportância do ser humano, transformada em consolo individual e subjetivo através do acesso praticamente infinito aos bens de consumo". E conclui: "O homem que não se realizou como ser histórico e trilhador de seu próprio futuro recupera sua suposta autonomia nos jogos narcísicos e individualistas que lhe são ofertados por esse mesmo sistema" (Marcondes Filho, 1993, p. 52).

Em sua obra *A sociedade de consumo*, de 1968, Jean Baudrillard previa o nascimento de uma sociedade, de certa forma, "totalitária", comandada e regulada pelo mundo artificial dos objetos, com sua hierarquia e sua gramática particular de valores. O teórico francês observa hoje que "vivemos o tempo dos objetos: quero dizer que existimos segundo o seu ritmo e em conformidade com a sua sucessão permanente. Atualmente, somos nós que os vemos nascer, produzir-se e morrer, ao passo que em todas as civilizações anteriores eram os objetos, instrumentos ou monumentos perenes, que sobreviviam às gerações humanas" (Baudrillard, 1995, p. 15).

O mercado

De certa forma, a publicidade é causa e conseqüência do mercado liberal globalizante emergente do século XX. Não a única causa nem a única conseqüência, mas certamente uma das variáveis determinantes.

Ao mesmo tempo que as regras do *laissez-faire* e *laissez-passer* pressionam a engrenagem da indústria cultural e demandam a produção e o consumo em massa de bens materiais ou simbólicos e, por isso, recrutam os serviços da publicidade, os mecanismos e as estratégias do *marketing* publicitário trabalham no sentido de alimentar a insaciável lógica do mercado.

Originário do processo de trocas mercantis intermarítimas deflagrado no século XVI e impulsionado pela Revolução Industrial iniciada na Inglaterra a partir do século XVIII, que viriam a instituir a sociedade de massas, o livre mercado conquistou foro de sistema dominante no mundo ocidental e parte do mundo oriental a partir da derrocada do projeto comunista nos países do Leste Europeu. Hoje, o livre mercado é o motor da sociedade capitalista mundial e, segundo alguns prognósticos, como o de Francis Fukuyama, em sua obra *O fim da história e o último homem* (1992), candidata-se a ser o sistema econômico hegemônico no globo.

O mercado, empregado hoje como um conceito que expressa liberdade comercial, ganhou valor de paradigma econômico global. Para Ignacio Ramonet (1998, p. 66), "as 'leis' do mercado tomam hoje o lugar das leis da mecânica (que rege a vida dos astros, do cosmos e da natureza), ou da história, como explicação geral do movimento das sociedades". Traduzindo, na verdade, o sentimento generalizado das sociedades capitalistas, Ramonet diz que, daqui em diante, tudo acabará sendo regulado segundo os critérios de "Sua Majestade, O Mercado", panacéia última da humanidade.

Nesse novo modelo de sociedade, passam a vigorar o darwinismo econômico e o darwinismo social, regidos pela necessidade de produção, produtividade, rentabilidade, lucratividade, isto é, competição e sobrevivência dos mais aptos. O mercado submete a sociedade a um patamar novo de relações e inter-relações, entregando a força do trabalho, a tecnologia e as matérias-primas ao poder e aos interesses do capital.

Num processo de aparente liquidificação e homogeneização das diferenças, o poder do capital tem passado, em conseqüência, seu rolo compressor sobre todas as instâncias da sociedade, entre eles a mídia, que serve de impulso e instrumento para doutrinação.

Fernando Correia frisa que "vivemos um tempo, com efeito, em que a 'retórica do mercado' domina grande parte dos discursos midiáticos, desde logo o econômico, mas também outros, como o cultural, o desportivo, o político e o próprio discurso comunicacional". Ainda segundo o pensador português,

> O mercado, com a evolução da sociedade capitalista, ao mesmo tempo abstratizou-se enquanto conceito e restringiu-se enquanto objeto. Abstratizou-se, na medida em que deixou de significar apenas o espaço público concreto onde se procede ao intercâmbio de coisas e de palavras, para ser também, em teoria econômica, "a esfera que delimita e configura "o poder de trocar". Restringiu-se, na medida em que o termo passou a ser, não desinteressadamente, conotado exclusivamente com a "figura mercantil capitalista do mercado", convertendo a troca ao "jugo da mercadoria" e subordinando-a ao "império das suas leis", nomeadamente a lei da oferta e da procura e a lei do lucro. (1997, p. 47)

Epistemologia

O universo da comunicação social no Brasil trata os termos publicidade e propaganda com pequenas distinções. A publicidade é considerada a promoção comercial que visa estimular o consumo de bens, mercadorias ou serviços. Já a propaganda diz respeito à promoção de caráter político, religioso ou ideológico, que tem como objetivo disseminar idéias dessa natureza (Sampaio, 1995, p. 12). Ambos, portanto, têm na essência o princípio da promoção, buscando o objetivo último do consumo.

Nos meios de comunicação e entre os profissionais da área, todavia, os dois termos são usados indistintamente. Tornou-se corriqueiro o emprego de qualquer um deles para abordar funções tanto da propaganda quanto da publicidade. Não há, dessa forma, rigor na aplicação dessa fundamentação conceitual. É a circunstância e o modo de emprego de cada um dos termos que acaba atribuindo o sentido adequado.

Essa prática é, inclusive, comum em muitas obras da área. Guy Durandin, em *La mentira en la propaganda política y en la publicidad*, dá à propaganda e à publicidade um tratamento simultâneo, justificando isso pelas seguintes razões:

1. as duas têm um mesmo fim geral: modificar a conduta das pessoas;
2. seus métodos podem ser empregados mutuamente: estudos prévios de mercado em uma e de eleitorado em outra; adaptação de argumentos a diferentes setores da população; por último, tentativas de medir os efeitos das campanhas, sejam de propaganda ou de publicidade;
3. já há alguns anos a palavra publicidade é utilizada às vezes nos jornais para designar mensagens de propaganda, publicadas mediante pagamento. (1995, p. 12)

Na literatura do campo da comunicação, parece haver o emprego mais habitual do termo publicidade, talvez exatamente pela dimensão que a sociedade de consumo e a conseqüente promoção de bens e produtos tenha tomado na atualidade.

Entre os dois termos, entretanto, a propaganda foi o que primeiro surgiu na história da humanidade. A primeira vez que a expressão foi usada na História aconteceu em 1622,

> [...] quando o Papa Gregório XV criou a Sagrada Congregação para a Propagação da Fé. Na época, a Igreja Católica Romana estava implicada em guerras santas, em sua maioria condenadas à derrota, para restaurar a fé por força das armas. O Papa Gregório percebeu que isto era uma empresa vã e criou a propaganda papal como meio de coordenar os esforços para procurar a aceitação "voluntária" das doutrinas da Igreja. (Praktanis & Aronson, 1994, p. 28)

O termo publicidade começou a ser utilizado somente no século XX, nos Estados Unidos, com origem no termo *advertising*. O termo tem sido empregado para caracterizar os esforços de promoção e *marketing* utilizados na comercialização de bens e mercadorias. A expressão se propagou pelo mundo e hoje tem um conceito amplo e abrangente tanto nos países ocidentais como nos orientais. Nesta obra, a posição epistemológica considera os conceitos de publicidade e propaganda equivalentes e, portanto, com o mesmo sentido.

A linguagem da publicidade

Na visão de uma vertente de teóricos do universo da comunicação, a publicidade não é apenas mais uma entre tantas linguagens existentes no mundo da pós-modernidade, ela é, sim, a linguagem principal, o idioma universal que conecta os homens num contexto comum e dá sentido à realidade. Sobretudo, a lógica publicitária, que cria e é em parte criatura do senso comum, está incrustada no fazer e no imaginário coletivo. Ela se constitui na partitura elementar que rege e formata a existência dos significantes e dos significados. Dessa forma, conformaria o próprio processo de codificação e decodificação dos signos, o código essencial para a criação e decifração dos códigos.

> Da linguagem da publicidade já foi dito que é a linguagem das multitudes (Ortega y Gasset); a linguagem da mercadoria (Henri Lefebvre); a linguagem da abundância (Alvin Toffler); a linguagem do consentimento (Walter Lipman); a linguagem do reclame convencional (Umberto Eco); a linguagem que convida e a incita à ação (Condillac); a linguagem que é arte e ciência de chamar a atenção do público (Gillo Dorfles); a linguagem que goza e padece todos os triunfos e servidumbres da cultura (Camilo José Cela); e a linguagem da literatura aplicada (Aldous Huxley). (Ferrer, 1994, p. 47)

Para Eulálio Ferrer (1994, p. 49), a linguagem publicitária é de sentido comum em nossa sociedade e isso se deve ao fato de que a sua lógica já está "encravada" na comunidade. Daí que, para ele, parece muitas vezes que o povo fala cotidianamente com uma espécie de "dialeto" da publicidade.

A publicidade e a propaganda chegam a "vestir" o corpo e a mente do homem pós-moderno. Este vira, sem consciência, um mero suporte para apelos publicitários objetivos ou subliminares.

> A insignificância do homem torna-se hoje ainda mais flagrante pela sua redução a mero suporte de discursos publicitários e de consumo. Nunca tanto como agora seres humanos tornaram-se espaços publicitariamente controláveis, "mídias" como dizem os publicitários. A miséria humana chegou a tal nulificação da espécie que os signos, as marcas de nome da indústria, os logotipos passam a ocupar o lugar de importância principal, reduzindo pessoas ao *status* de seus carregadores. (Marcondes Filho, 1993, p. 52)

O macrodiscurso da publicidade torna-se o verbo uníssono, construtor e racionalizador de linguagens, culturas e consciências, que tudo universaliza, tudo aspira e tudo liquidifica. A publicidade vira o único elo de igualdade entre todas as diferenças.

A estratégia da publicidade

A estratégia fundamental da publicidade para atingir, influenciar e modificar o comportamento individual ou coletivo tem sido a persuasão. Utilizando apelos emocionais ou racionais, argumentos lógicos ou sofismas, artifícios verdadeiros ou virtuais, recursos fantasiosos ou reais, mecanismos subliminares ou diretos, a publicidade tem como meta final persuadir e convencer o seu *target*[3] a consumir.

Identificada por Aristóteles, em *A arte da retórica*,[4] como o primeiro ofício do ser humano ao se comunicar, a persuasão instrumentaliza a estratégia da publicidade quanto a estimular necessidades e provocar o estalo pelo desejo de consumo.

Praktanis & Aronson (1994, p. 24) "crêem que toda sociedade necessita de um mecanismo para tomar decisões, para limar as diferenças e coordenar as atividades". Nossa sociedade pós-moderna, na visão dos autores, optou pela persuasão.

Para os teóricos norte-americanos, autores de *La era de la propaganda: uso y abuso da persuasión*, a publicidade pôs em andamento hoje na sociedade um processo de assédio mental coletivo. Segundo eles, "cada dia bombardeiam-nos com uma mensagem persuasiva atrás de outra. Estes chamamentos não persuadem mediante a exposição do argumento e do debate, senão mediante a manipulação de símbolos e de nossas emoções humanas mais fundamentais. Para o bem e para o mal, a nossa é a era da propaganda" (Praktanis & Aronson, 1994, p. 24).

Correia acredita que a publicidade comercial

> preenche, inegavelmente, necessidades sociais objetivas, prestando informações sobre bens no mercado, empregos, serviços etc. É também indiscutível, para ele, que, graças à publicidade e aos seus estudos de mercado, tem sido possível aos *media* conhecer melhor o seu público, ainda que apenas na perspectiva do consumo. (1997, p. 115)

Mas também é indesmentível, segundo Correia, que, de uma maneira geral, e sem pretender aplicar o que a seguir se diz a todo e qualquer anúncio,

> [...] a publicidade prefere o emocional ao racional, escolhe a sedução em vez da informação, troca as situações humanas reais por estereótipos, abusa da exploração sexual do corpo, explora a ansiedade e a emulação, recorre a técnicas intensivas de persuasão que se confundem com a manipulação, cai na trivialidade, quando não no mau gosto e na boçalidade, cria situações ilógicas ou irracionais, reduz o público a uma massa acrítica de consumidores. (1997, p. 115)

Segundo o teórico português, na medida em que visa à venda de um produto,

> [...] a publicidade tende a promover atitudes e estilos de vida que exaltam a compra e o consumo de bens em detrimento de outros valores. A posse de um bem material particular é elevada ao nível de uma norma social, de tal modo que os indivíduos que fazem exceção experimentam um sentimento de privação ou de singularidade. (1997, p. 115)

Essa visão é compartilhada por Toscani, crítico contumaz das estratégias publicitárias no mundo ocidental e alinhado à chamada "publicidade engajada". Para ele,

> A publicidade oferece aos nossos desejos um universo subliminar que insinua que a juventude, a saúde, a virilidade, bem como a feminilidade, dependem daquilo que compramos. Um mundo todo de sorrisos em que diálogos amáveis e muito blablablá subentendem estas mensagens dissimuladas: seus cabelos caem porque você não está usando esta loção milagrosa de "extratos naturais"; suas gengivas estão sangrando e não são "de concreto" porque você está comprando o dentifrício errado. (Toscani, 1996, p. 28)

Toscani acredita que, em geral, "a publicidade convencional mente, já que é baseada num mundo imaginário, idealizado, onírico" (Gonçalves, 1995, p. 5.3).

Para Nizan Guanaes, expoente do mercado publicitário brasileiro, "a publicidade não tem nada a ver com a verdade". Ela é, para ele, simplesmente a arte da sedução.

Quando você quer seduzir alguém, conta a verdade? Mostra os seus piores defeitos? Não. Nem as pessoas, nem os partidos, nem os anunciantes. Ninguém diz a verdade na hora de seduzir. (Apud Azevedo, 1995, p. 2.5)

A publicidade na mídia

Nem sempre foi assim. Entretanto, hoje, podemos afirmar que a publicidade é a base de sustentação econômica da mídia de massa moderna. Ben Bagdikian (1993, p. 190) revela que 75% dos rendimentos dos jornais provêm dos anúncios. No rádio e na televisão, a publicidade também banca a maior parte dos custos operativos. Há países, como os Estados Unidos, onde o faturamento televisivo representa, sozinho, 40% sobre os demais meios, ou como o México, onde chega a 70%.

No Brasil, a publicidade televisiva chegou a atingir índices de 65% na década de 1980, e hoje está situada num patamar que oscila de 50% a 55%.

Vários dos *prestige papers* do mundo são majoritariamente pagos pela publicidade. São os casos, por exemplo, do *New York Times*, nos Estados Unidos, que tem até 70% das receitas vindas da publicidade, *Le Figaro*, na França, com até 50%, e *El País*, na Espanha, também com cerca de 50%.

As empresas e agências publicitárias dos Estados Unidos gastam, só no mercado americano, cerca de mil dólares por família, por ano. "Símbolos voltados para as vendas jorram constantemente da televisão, todos os dias, por seis horas e meia. Toda semana, imagens impressas são vistas em bilhões de incontáveis páginas de revistas e, todos os dias, em quatro bilhões de páginas de jornais" (Bagdikian, 1993, p. 226).

Esse quadro de quase onipresença da publicidade foi, entretanto, um processo lento e desafiador. Segundo Jürgen Habermas (1984, p. 223), "durante vários decênios do século XVIII, inclusive já no século XIX, existia, nas mais distintas casas comerciais, uma repulsa inclusive contra simples anúncios comerciais. Os reclames eram considerados indecentes".

Além disso, é importante destacar que, nos primórdios da imprensa jornalística, não havia ainda uma distinção clara sobre os limites do que era publicidade e do que era jornalismo, vigorando assim certa ambigüidade.

Por exemplo, um periódico de Londres do século XVIII pagava aos teatros o direito de publicar informações relativas às funções ou aos autores, intérpretes e diretores. Por sua parte, o teatro pagava ao periódico o direito de publicar comentários sobre a qualidade da produção apresentada. Foi o crítico Leigh Hunt, que trabalhou para o *Times* no período da direção de Thomas Barnes, que inverteu o sistema, recebendo dinheiro para divulgar a peça teatral e pagando a críticos independentes para comentar a apresentação. (Smith, 1983, p. 35)

As primeiras cartas de notícias americanas, conta Gaye Tuchman, nem sequer incluíam publicidades, embora possuíssem informações de valor comercial, que hoje poderiam bem ser chamadas de anúncios. "Os periódicos coloniais competiam duramente para apresentar relatos sobre as chegadas de barcos e para passar a lista de mercadorias transportadas nos seus porões. Jovens estacionados nas colinas com vista para o porto davam o alerta para barcos a remo que estavam à espera e que partiam em busca das informações" (1983, p. 30).

Os primeiros anúncios tinham principalmente uma função informativa, de caráter noticioso, e ainda não possuíam grande significado como fonte de rendimento. Anunciar era uma prática muito restrita. Os preços dos anúncios pioneiros eram avaliados por unidades e representavam pouco no contexto geral da economia.

Só com a chegada da imprensa capitalista de massa, nos últimos 30 anos do século XIX, a situação se transforma substancialmente. Os rendimentos da venda de espaço publicitário tornaram-se lentamente a base econômica dos jornais, cuja crescente dependência com relação à propaganda trouxe consigo a comercialização do jornalismo e o movimento de concentração orientado pelo lucro no mercado dos meios de comunicação. (Marcondes Filho, 1984, p. 63)

No século XX, as estatísticas dão conta de que as propagandas pagas avançam rapidamente sobre os veículos de comunicação e passam a ocupar de 60% a 65%, em média, das páginas dos jornais e das revistas. A partir de então, segundo Eulálio Ferrer (1997, p. 109), é a publicidade que acaba tornando "suportáveis os tributos fiscais impostos aos periódicos e a ela mesma, a publicidade, permitindo a sobrevivência dos mass media".

Em muitos países, como o Brasil e os Estados Unidos, foram a publicidade e a força dos anunciantes que viabilizaram a gênese e o desenvolvimento das indústrias do rádio e da televisão, criações do século XX. Nos Estados Unidos, assim como no Brasil, grandes empresas bancavam o patrocínio integral dos pioneiros programas exibidos nos veículos eletrônicos. Muitas vezes, as agências de publicidade contratadas pelos anunciantes se encarregavam de pensar e produzir os próprios programas, exibidos nas emissoras comerciais. Nos Estados Unidos, "as redes de televisão conseguiram seus primeiros lucros por meio de programas como o *Philco Television Playhouse* e o *Studio One*, cujos roteiros eram escritos por autores como Paddy Chayefsky e Gore Vidal" (Bagdikian, 1993, p. 175).

No Brasil, desde o seu início, a televisão se caracterizou como um veículo publicitário. Fazem parte da história da indústria cultural brasileira programas como Gincana Kibon, Sabatina Maizena, Teatrinho Trol, Telenotícias *Panair*, Repórter Esso, Telejornal Bendix, Reportagem Ducal ou Telejornal Pirelli, produções integralmente subsidiadas por empresas anunciantes e formatadas por agências de publicidade. Os patrocinadores determinavam os programas que deveriam ser produzidos e veiculados, além de, inclusive, contratar diretamente os artistas e produtores. "O faturamento do primeiro ano da Rede Tupi-Difusora, a primeira emissora de televisão do país, foi pago por quatro grandes patrocinadores: a Seguradora Sul América, a Antarctica, a Laminação Pignatari e o Moinho Santista" (Mattos, 1990, p. 3).

A publicidade sobre os jornais

Para o bem ou para o mal, não é mais possível imaginar hoje um jornal sem publicidade. O financiamento dos custos empresariais, por intermédio de verbas dos anunciantes, está incorporado à dinâmica e à lógica da sociedade midiática do século XX. "As publicações sem publicidade são pintadas ou como um desserviço ao público ou como uma impossibilidade econômica" (Bagdikian, 1993, p. 182).

Na melhor das hipóteses, "um jornal sem publicidade custa ao leitor 70% mais que um jornal com o volume usual de anúncios. Embora os leitores paguem pela publicidade, o grande volume de páginas impresso na gráfica de um jornal reduz o custo de produção de cada uma delas" (Bagdikian, 1993, p. 182).

"Um destacado publicitário norte-americano, Edward Ney, durante o XXVIII Congresso Mundial de Publicidade, em 1982, estimou que, sem publicidade, cada exemplar do *New York Times* custaria ao público ao redor de nove dólares" (Ferrer, 1997, p. 99).

Ao contrário da crença popular, a publicidade, para alguns, nem sempre é vista como uma coisa negativa nas páginas dos jornais. Há muitas pessoas que compram jornais, assistem à televisão, ouvem rádio e se satisfazem tanto com as notícias quanto com os anúncios. Outras, ao ter acesso aos produtos midiáticos, tencionam, na verdade, consumir as publicidades.

Marshall McLuhan foi um dos que verificaram esse fato, já na década de 1960. Segundo ele, "o homem ligado às letras tem a ilusão de que a imprensa seria melhor sem os anúncios e sem a pressão dos anunciantes. Entretanto, as pesquisas têm espantado até os diretores de jornais ao revelarem que os olhos erráticos dos leitores de jornais se deliciam por igual com os anúncios e os textos noticiosos" (1964, p. 237).

Em sua obra *Os meios de comunicação como extensões do homem*, Marshall McLuhan deu um exemplo emblemático de qual é o efeito para um grupo de leitores sobre jornais sem anúncios. Vejamos:

> Durante a Segunda Guerra Mundial, o United States Office enviou números especiais das principais revistas americanas às Forças Armadas [...] com os anúncios cortados. Os soldados insistiram em receber as revistas com os anúncios. Claro, os anúncios são, de longe, a melhor parte de qualquer jornal ou revista. Um anúncio requer mais esforço e pensamento, mais espírito e arte do que qualquer texto de jornal ou revista. Anúncios são notícias. O que há de mal neles é que são sempre boas notícias. Para contrabalançar o efeito e vender boas notícias é necessária uma boa dose de más notícias. (1964, p. 237)

A questão vital, entretanto, na relação entre a publicidade e a imprensa diz respeito à relação econômica que se estabelece nesse contato. De maneira geral, como o financiamento e a lógica publicitária estão incorporados e dão condição de existência aos jornais, a imprensa periódica precisa ser contextualizada como uma extensão da publicidade. Os jornais existem porque existe a publicidade. O jornalismo só se torna factível no e pelo financiamento do poder econômico publicitário.

Compreender essa dinâmica significa compreender o que representa hoje o jornalismo que sobrevive graças à publicidade. O jornalismo que depende da publicidade para sobreviver acaba necessariamente se curvando à ética do capital.

O jornalismo contemporâneo é hoje tachado de "cor-de-rosa"[5] justamente por apresentar os padrões éticos e estéticos necessários para agradar ao capital. Por isso, os jornais contemporâneos são tão perfumados, lipoaspirados, maquiados, embelezados. Eles são produtos que precisam estar adaptados para o consumo.

Sobretudo, os produtos jornalísticos contemporâneos devem estar adequados para satisfazer aos gostos e às opiniões, sobretudo do poder econômico, sem ferir, secundariamente, as expectativas dos leitores. Dessa forma, o jornal pós-moderno perde as suas principais características e surge como um produto essencialmente comercial.

Os jornais pós-modernos privilegiam, sempre em primeiro lugar, os interesses do universo publicitário. Mais que captadoras de informações, as empresas jornalísticas são captadoras de receitas. E submetem a linha editorial a essa imposição. Não desagradar a ninguém e, de preferência, agradar a todos.

Nessa perspectiva, os jornais pós-modernos, em sua maioria, estão desistindo de sua independência editorial e de seus compromissos éticos para incorporar a ética do capital. Pierre Bourdieu (1997, p. 102) afirma que, hoje, o grau de autonomia de um órgão de difusão se mede, sem dúvida, pela parcela de suas receitas que provém da publicidade e da ajuda do Estado (sob a forma de publicidade ou de subvenção) e também pelo grau de concentração dos anunciantes.

O poder dos anunciantes

"Diz-se que os jornais são vendidos duas vezes. Antes de sê-lo para o leitor, ele é vendido para as agências de publicidade" (Sader apud Halimi, 1998, p. 8). Partindo desse princípio, é necessário admitir que as empresas anunciantes são forças econômicas decisivas na determinação da natureza, da qualidade e do conteúdo do produto jornalístico.

> A forma e o conteúdo de jornais, revistas e estações transmissores contemporâneas é, com certeza, uma combinação daquilo que anunciantes e público desejam. Entretanto, com o passar dos anos, jornais e redes trans-

missores deram mais peso àquilo que torna os anúncios mais eficazes em detrimento de interesses e necessidades inerentes à comunidade. (Bagdikian, 1993, p. 272)

Bagdikian afirma que já está incorporada à lógica empresarial contemporânea a "necessidade" de se imiscuir no território jornalístico. Essa prática é apenas mais uma das extensões do poder do capital.

> É normal que todas as grandes empresas empreendam esforços sérios no sentido de influenciar as notícias, a fim de evitar qualquer coisa que possa prejudicar a sua imagem e também para maximizar a simpatia da opinião pública e conseguir políticas governamentais favoráveis. Agora, a elas pertencem os meios de comunicação que desejavam influenciar. (1993, p. 47)

É permitido, assim, segundo Ben Bagdikian (1993, p. 272), considerar que "a publicidade de massa substituiu o poder econômico do consumidor em jornais, redes de rádio, teledifusão e revistas. No passado, os leitores de um jornal eram soberanos, eram seu principal sustentáculo e se aquele não satisfizesse às grandes prioridades de seus interesses, perderia uma importante fonte de renda".

Com o tempo, essa geografia do poder e da influência mudou.

> Hoje, o soberano de jornais, redes de radioteledifusão e revistas é o anunciante. Não no sentido de ditar, necessária e explicitamente, o conteúdo não publicitário (embora esse tipo de efeito prático seja bastante comum). O anunciante é soberano pela simples decisão comercial de entregar seus anúncios ao jornal, estação transmissora ou revista. (Bagdikian, 1993, p. 272)

Essa lógica tem antecedentes em todo o mundo capitalista desenvolvido e onde existam organizações jornalísticas influentes. Em 1965, segundo Bagdikian (1993, p. 193), a Federal Communications Commission, nos Estados Unidos, órgão controlador e fiscalizador da indústria midiática norte-americana, promoveu audiências para "determinar com exatidão o grau de influência dos anunciantes sobre o conteúdo não comercial da televisão e do rádio". A conclusão é de que o dedo dos anunciantes estava enraizado até o fundo na dinâmica editorial dos veículos de comunicação.

Numa dessas audiências, "Albert N. Halverstadt, diretor-geral de publicidade da Procter & Gamble, testemunhou que a companhia estabelecia diretrizes para os programas que fosse patrocinar" (Bagdikian, 1993, p. 193). Halverstadt entregou à comissão as exigências formais relativas aos programas de televisão, na forma como a maior anunciante dos meios de comunicação enviava-as (em memorandos de instrução) à sua agência de publicidade. Determinava um dos documentos:

> Onde quer que seja adequado, os personagens das produções dramáticas patrocinadas pela Procter & Gamble devem refletir, em seus pensamentos e atos, o reconhecimento e a aceitação da situação mundial: já no que diz respeito às guerras, nossos roteiristas devem minimizar os aspectos mais terríveis. Além disso, os roteiristas devem-se guiar pelo fato de que não será aceita qualquer cena que influencie negativamente a moral do público. Policiais não devem ser mostrados no papel de vilões ou envolvidos em quaisquer atividades criminosas. (Bagdikian, 1993, p. 193)

Em outro depoimento, "o vice-presidente de uma empresa anunciante de comprimidos contra dor de cabeça, os Laboratórios Whitehall, contou à FCC o que a companhia exigia das redes: se uma cena mostra alguém cometendo suicídio pela ingestão de um vidro de comprimidos, queremos que não vá ao ar" (Bagdikian, 1993, p. 195). No depoimento seguinte,

> [...] um vice-presidente da Prudential Insurance Company, patrocinadora de programas de interesse público, deixou claro que uma imagem positiva do mundo dos negócios e das finanças era importante para que a Companhia continuasse a apoiá-los. A empresa rejeitou a idéia para um programa sobre o feriado bancário ocorrido durante a Depressão porque esta "lançava um pouco de dúvida sobre todas as instituições financeiras". (Bagdikian, 1993, p. 195)

A facilidade com que os empresários conseguiam e conseguem "induzir" a programação de TV estimulou o vice-presidente da Procter & Gamble, em 1979, a emitir um juízo já célebre. Na época, ele disse que: "Em primeiro lugar, estamos participando da programação para assegurar um ambiente bom para os nossos anúncios" (Bagdikian, 1993, p. 195).

A conquista territorial

Um dos primeiros sintomas da expansão da lógica publicitária nos jornais foi a crescente conquista do espaço territorial das notícias, a partir do século XX. Uma evolução vertiginosa que nunca parou de crescer, devido à própria descoberta da publicidade como principal fonte financiadora do universo jornalístico.

De uma modesta participação nos primórdios da imprensa financiada pelos anunciantes, a publicidade evoluiu sobre as páginas e telas da imprensa até conquistar hoje o predomínio territorial diante do jornalismo. De modo geral, é correto afirmar que os anúncios ocupam espaço maior que o dedicado às notícias nos jornais do mundo ocidental.

Uma pesquisa realizada na grande imprensa diária de Portugal e do Brasil constatou que, hoje, o espaço ocupado pela publicidade corresponde a 65,58% da área impressa na média dos jornais brasileiros (*Folha de S. Paulo, O Globo, O Estado de S. Paulo* e *Jornal do Brasil*) e 41,89% na média dos jornais portugueses (*Diários de Notícias, Correio da Manhã, Jornal de Notícias* e *Público*) (Chaparro, 1998, p. 138). Os dados do espaço ocupado pela publicidade e pelo jornalismo nos jornais dos países ocidentais praticamente equivalem, o que indica um comportamento-padrão para esse fenômeno expansionista.

Espaço, por natureza de conteúdos

	Brasil		Portugal	
	cm^2	%	cm^2	%
Conteúdos jornalísticos	596.854	33,63	362.093	56,22
Conteúdos não-jornalísticos	13.927	0,78	12.191	1,89
Anúncios + espaço branco	1.163.959	65,58	269.818	41,89
Total	1.774.740		269.818	

Fonte: Chaparro, 1998, p. 138.

Em outra pesquisa, desenvolvida por estudiosos da Universidade Metodista de São Paulo (Umesp), no Brasil, para traçar a identidade da imprensa brasileira, verificou-se que a imprensa do interior de São

Paulo dá espaço maior à publicidade do que ao jornalismo. Na média dos jornais pesquisados, a publicidade ocupa 49% do espaço e o jornalismo, 46,5%. Há casos excepcionais, como, por exemplo, o jornal *A Cidade*, de Ribeirão Preto, em que 78,5% da mancha impressa é ocupada pela publicidade (Marques de Melo & Queiroz, 1998, p. 209).

De modo geral, no mundo pós-moderno, as notícias, segundo Guareschi (1998, p. 145), ocupam apenas 10% do total do espaço para comunicação nas rádios, televisões e nos jornais. "Os comerciais (publicidades e propagandas) ocupam ao redor de 30% e os outros 60% ficam para as demais matérias (novelas, filmes, esportes, shows etc)."

Pressão sobre o jornalismo

O comportamento crescentemente expansionista da lógica do capitalismo e do livre mercado, encarnado na publicidade, tem atuado em nossa época como um rolo compressor sobre o mundo simbólico. A apologia do lucro e a mercadorização do conhecimento e da informação, transformadas em *deux ex machina* da era pós-moderna, contaminam o universo da cultura. A ética do capital assedia, seduz, constrange, coage o território dos signos, estabelecendo uma dinâmica de homogeneização e submissão.

Mais além, o mercado opera no sentido de cooptar o campo da cultura para a defesa e reprodução dos seus interesses, exercendo assim o papel de reprodução e legitimação do modo de produção e da ideologia dominante. Processo que remete a Karl Marx, para quem as ideologias de determinada época são as ideologias da classe dominante.

As leis da cultura passam a praticar o idioma da mercadoria e a submeter tudo a essa engrenagem mercantilizadora.

Nessa perspectiva, a publicidade não aceita mais apenas fazer vizinhança com o jornalismo. Portadora dos interesses do capital, a publicidade pressiona o jornalismo a operar na mesma lógica. A publicidade acossa o jornalismo, submete-o às mesmas regras e valores do capital, obrigando-o a relativizar seu compromisso com a verdade e com o interesse público.

Num primeiro momento, o jornal vira mercadoria, que submete seu valor de uso ao valor de troca. Num segundo momento, a notícia vira mercadoria, que fala o que a audiência quer ouvir. E num momento final, a própria informação vira mercadoria, flexibilizando o conceito de verdade e carregando os objetivos vitaminados do mercado.

Ciro Marcondes Filho (1989) compreende essa dinâmica como intrínseca ao modo mercadológico da produção da informação na sociedade capitalista. Segundo ele, "notícia é a informação transformada em mercadoria com todos os seus apelos estéticos, emocionais e sensacionais; para isso, a informação sofre um tratamento que a adapta às normas mercadológicas de generalização, padronização, simplificação e negação do subjetivismo" (Marcondes Filho, 1989, p. 13).

Fernando Correia interpreta o jornalismo contemporâneo como uma linguagem rendida, curvada diante do totalitarismo do mercado.

> Quem manda na informação não é o público, cuja vontade é avaliada através de sondagens que se limitam a medir (e alimentar) uma procura condicionada à partida pela oferta existente. Mas quem manda também não são os jornalistas, sujeitos a um amplo e diversificado leque de constrangimentos ligados às formas e estratégias de produção de uma informação condicionada pela crescente comercialização, pela agudização da concorrência, pelo predomínio de grandes grupos econômicos regidos por uma lógica empresarial (reproduzida e tornada dominante em todo o sistema midiático) que subalterniza a lógica informativa e enfraquece e limita a autonomia dos jornalistas. (1997, p. 260)

O financiamento das empresas, refletido nos anúncios comerciais nos jornais e nas revistas, provoca, muitas vezes, influências diretas em todas as esferas da cadeia jornalística. A acomodação da publicidade num lugar antes restrito apenas ao interesse público rearranja as relações de produção. Todo o processo da informação agora se submete ao jogo de interesses que envolve o "negócio" jornalístico, ampliando o nível de considerações a serem feitas no *newsmaking*.

Notas

1. A publicidade é considerada neste trabalho a arte da persuasão utilizada para motivar a venda de mercadorias e assumida pelo capitalismo, a partir do início do século XX, para movimentar e manter funcionando a engrenagem do sistema. É, portanto, um dos meios utilizados pela classe dominante para reproduzir o modo de produção capitalista.

2. A entronização da publicidade na sociedade pós-moderna elevou o *status* dos publicitários a profissionais de destaque no mundo capitalista. Considerados

verdadeiros midas da nova era, esses agentes de idéias e imagens conseguiram aparentemente ascender a uma posição privilegiada na hierarquia social.

Marcondes Filho (1993, p. 67) chega a denominar os publicitários de os mercadores do novo mundo. Para ele, esses profissionais "não vendem mais mercadorias, nem *status*, nem visão de mundo. Eles são o mundo: eles corporificam a nova era, o fim das ligações com as coisas e pessoas, o fim da pesquisa 'das profundezas', o fim da 'essência'. Eles são o novo homem: o materializam e o exemplificam para que todos possam (devam cumprir)".

Toscani (1996, p. 25) é categórico em sua crítica em relação a essa classe profissional. Na sua visão, os publicitários não cumprem a sua função elementar: comunicar. Segundo ele, os publicitários "carecem de ousadia e senso moral. Não refletem sobre o papel social, público e educativo da empresa que lhes confia um orçamento. Preferem despender centenas de milhares de dólares para colocar alguns cavalos galopando atrás de um Citroen, sem se preocuparem com todos aqueles que são obrigados a praticar rodeio nas estradas. Não querem pensar nem informar o público, com medo de perder os anunciantes".

3. Público-alvo.

4. Em *A arte da retórica*, o filósofo Aristóteles, que viveu na era III a.C., afirmou que o ato humano da comunicação é um ato elementar de persuasão. O pensador grego definiu a retórica como "a faculdade de discernir os possíveis meios de persuasão em cada caso particular".

5. Sobre isso ver Kurtz, Howard. *Media Circus: the trouble with America's newspaper*. Estados Unidos: Times Books, 1993.

4

A queda do muro

> *O leitor torna-se um objeto do mercado que paga até mesmo pelo papel no qual ele é embrulhado.*
>
> CIRO MARCONDES FILHO

A lógica da publicidade, legitimada pela ética do consumo e pelos *laissez-faire* e *laissez-passer*, pode estar contribuindo decisivamente para transformar a natureza da linguagem jornalística, esvaziando seu poder e reconfigurando seu papel na sociedade. Os estudos e as pesquisas desenvolvidos ao longo do século XX por Bagdikian (1993), Bourdieu (1997), Correia (1997), Albertos (1997), Chaparro (1998), Mattelart (1991), Marcondes Filho (1984, 1989, 1993, 2000), Medina (1978), Ramonet (1999) etc. indicam que a progressiva influência, a crescente conquista territorial e o exercício de catequização ideológica compulsória da publicidade sobre o jornalismo podem estabelecer a transformação radical da linguagem jornalística no terceiro milênio, cristalizando o que chamamos de jornalismo cor-de-rosa.

O processo de mutação transgênica, iniciada nos estertores da modernidade, imbrica em uma mesma estrutura as, antes antagônicas, principais linguagens da mídia de massa. O jornalismo se flexibiliza e se relativiza e a publicidade multiplica-se e dualiza-se.

A lógica publicitária penetra e materializa-se no espaço do jornalismo a partir da pós-modernidade mediante diversas estratégias, algumas patentes, mas outras apenas latentes. Além de valer-se dos dividendos pela coabitação no território jornalístico, a publicidade tem se espalhado pelas páginas de jornais e revistas e pelas ondas de rádio, TV e internet mediante sutis formas miméticas.

A ordem é hibridizar a natureza persuasiva da publicidade, dissolvendo-a no espaço jornalístico, como se fora parte da própria natureza jornalística. É um exercício que inocula o interesse privado no espaço público da imprensa e investe de legitimidade o gene clandestino da lógica publicitária.

Pode-se identificar tal jornalismo como um "jornalismo transgênico", pois cruza os cromossomos da informação aos cromossomos da publicidade e reforma a roupagem das informações, notícias, colunas, notas, manchetes, pautas, dos olhos, das linhas de apoio, dos editoriais, das suítes, retrancas etc., alterando na essência a retórica do jornalismo. Mexe e altera, inclusive, a linha editorial dos veículos e afeta a mentalidade dos produtores da informação.

O jornal e o jornalismo viram apêndices do modelo de sociedade capitalista e expressam a dialética de um modo de vida mercantilizado e mercadorizado. A empresa jornalística "vende" o jornal à sociedade, mas, antes disso, vende a notícia ao poder econômico.

Em síntese, a venda do espaço redacional significa a queda da última barreira antes da hegemonia absoluta da publicidade e da implantação da ideologia do mercado, da ética do consumo, do *laissez-faire* e do *laissez-passer*, também no território jornalístico. É a queda do muro entre o jornalismo e a publicidade. Segundo Correia,

> Estaríamos então perante um novo tipo de mensagem midiática, uma comunicação que já não seria nem social nem comercial, mas sim sociocomercial. Na prática, isso significaria o culminar do domínio absoluto da lógica econômica (privada, dos grandes grupos econômicos) sobre a lógica da informação, a total absorção dos critérios jornalísticos pelos critérios financeiros e, na prática, não apenas o fim da autonomia do jornalista enquanto profissional da informação, mas a própria morte do jornalismo e da informação tal como até hoje os entendemos. (1997, p. 121)

Informação e publicidade passam enfim a se fundir em um mesmo produto midiático. Cria-se uma notícia híbrida, uma metamorfose lingüística, um amálgama de discursos. Rompem-se os arames farpados que dividiam o campo do jornalismo e da publicidade e passa-se a criar, em seu lugar, uma mutação genética dirigida essencialmente ao mercado.

Esse processo de transgenia é um fenômeno que emana no século XX, embora não exista uma sistematização histórica sobre a evolução desse processo de mutações, nem mesmo sobre as diversas "faces" da transgenia na imprensa de massa. Este capítulo objetiva, desse modo, fazer um esforço de identificação e sistematização do fenômeno de cruzamento genético entre informação e publicidade.

Mediante uma pesquisa empírica na realidade da mídia impressa de massa, busca-se apresentar a mecânica e os códigos que dão corpo e vida a esse processo.

Apesar de alguns casos serem conhecidos e denunciados, a maioria das ocorrências dessa comercialização do espaço jornalístico passa despercebida da opinião pública, o que acaba estimulando ainda mais a repetição dessa corruptela.

Modelos de jornalismo cor-de-rosa

As mutações no campo da informação e da comunicação provocaram o aparecimento de um novo gênero de jornalismo, o gênero cor-de-rosa, caracterizado pela sintetização de uma espécie de produto jornalístico-publicitário. Esse gênero está presente na mídia de massa impressa e eletrônica e aparece em espaços noticiosos de todo o mundo.

Ao lado dos gêneros informativo, opinativo e interpretativo, o gênero cor-de-rosa apresenta 25 variações, embora sofra permanentemente mutações genéticas que alteram sua forma e seu conteúdo. De modo geral, as suas diversas manifestações estão diluídas nas estruturas léxicas, gramaticais, discursivas, éticas e estéticas do universo jornalístico e formatam um produto pós-moderno singular, muito distante dos paradigmas clássicos da imprensa.

As variações têm motivações e raízes diferenciadas, embora mantenha-se sempre, em todas as suas vertentes, o princípio de uma *mais-valia* capitalista.

De maneira objetiva, as 25 variantes podem ser identificadas das formas apresentadas a seguir.

Mimese – Publicidade paga, disfarçada de notícia, sem identificação de informe publicitário

A imprensa já admite a aquisição pecuniária do espaço jornalístico e da "essência" da notícia por uma empresa comercial. Desprezando os manuais de jornalismo e a soberania da redação, a empresa jornalística vende o corpo da notícia e, em seu lugar, coloca uma publicidade disfarçada, sem identificação de que esta é um "informe publicitário".

Nessa concepção,

> [...] o anúncio deixa de estar ao lado ou intercalado no texto jornalístico e passa a estar dentro dele, constituindo os dois uma só unidade textual. É o desaparecimento do velho suporte misto e a emergência do suporte único, alargado da imprensa à rádio e à TV. O anúncio, enquanto entidade autônoma, desaparece, o mesmo acontecendo com a notícia e a reportagem. (Correia, 1997, p. 120)

Este pode ser caracterizado como o processo de corrupção capital do processo jornalístico. A notícia perde seu compromisso com a sociedade, com o interesse público, e passa a defender o interesse privado. A notícia deixa de apresentar informação e passa a oferecer persuasão. No fim, esvai-se a força do jornalismo como espaço de interesse público, já que este passa a ser loteado e mercantilizado.

Tal estratégia acaba consagrando a mentalidade empresarial pós-moderna em derrubar o muro que separa as partes redatorial e publicitária e tornar os jornais um produto total de *marketing*.

Essa corrupção total dos padrões jornalísticos é bastante comum em regiões pobres do globo, onde a imprensa é intimamente ligada e totalmente dependente do poder público ou do poder econômico. Mas já começam a aparecer, com freqüência, registros desse tipo de caso na pequena, média e grande imprensa de países desenvolvidos.

Em 1994, por exemplo, o jornal *Diário Popular*, do Brasil, vendeu espaço jornalístico aos candidatos nas eleições legislativas. Um texto de 25 linhas elaborado pelo candidato e sua foto foram publicados no jornal por R$ 1.000. Embora a lei diga que a propaganda política deve ser identificada como tal, para poder ser diferenciada do material de caráter jornalístico, o diretor-superintendente do *Diário Popular*, Ricardo Saboya, disse que o pagamento pelo espaço foi um "critério de seleção" (*Folha da Tarde*, 8.9.1994).

Desfiguramento – Publicidade paga, disfarçada de notícia, com identificação de informe publicitário

É comum no universo da mídia a presença de publicidades pagas, apresentadas em forma e linguagem de notícia, com identificação de informe publicitário. Isso ocorre pelo fato de que, no fundo,

[...] os publicitários vêem na apresentação jornalística de seus anúncios, isto é, no desfiguramento do caráter de anúncio de sua publicidade (por meio da mistura da parte publicitária com a redacional), um aumento da eficiência propagandística desta. A qualidade da parte noticiosa, que pode aumentar o poder do anúncio, apresenta-se para os editores como fonte especial de lucros. (Marcondes Filho, 1984, p. 72)

Essa é uma estratégia presente no dia-a-dia das publicações impressas e, na maioria das vezes, ocupa o espaço editorial comprado pela empresa, assinado ou identificado como pertencente a uma entidade ou organização comercial.

Embora obedeça aos princípios do jornalismo, estando corretamente identificada, a publicidade acaba obtendo o bônus de uma notícia, já que os leitores, majoritariamente, não percebem o aviso de "informe publicitário" e dão a credibilidade de notícia ao texto publicitário.

Composição – Notícia apresentada com caráter de publicidade

Uma das estratégias bastante comuns para a venda ou promoção de um produto é a composição do texto de uma notícia com enfoque "publicitário", ou seja, a informação é apresentada com a adjetivação e a qualificação típicas de anúncios comerciais promocionais, recursos utilizados para motivar o leitor ao ato do consumo. Embora "formatada" dentro das técnicas elementares do jornalismo, a "notícia" carrega a intenção implícita e explícita da promoção mercantil.

Muitas vezes, essas notícias são redigidas por publicitários ou pela própria diretoria comercial da empresa jornalística e plantadas em meio ao espaço editorial. Algumas vezes, essas informações são produzidas pelas mãos de jornalistas a serviço do departamento comercial.

Nessa situação podemos encontrar dois tipos básicos:

a) As notícias que mascaram o caráter publicitário: são as notícias típicas, que seguem as técnicas jornalísticas, mas deixam implícita a natureza publicitária da informação.
b) As notícias cujo caráter publicitário é ostensivo: são as notícias que, embora veiculadas em um espaço editorial, deixam explícita a natureza publicitária da informação. Tais notícias

nem sequer disfarçam a sua intenção persuasiva e o esforço comercial para dar suporte ao *business*.

Releasemania – Publicação de release

O *release* é uma peça jornalística que, embora produzida majoritariamente por jornalistas, carrega em seu bojo a intenção intrínseca da promoção. Esse misto de notícia-publicidade, produzida por assessorias de imprensa ou pela área de Relações Públicas, objetiva diretamente a busca da divulgação gratuita, em um espaço público, de determinados interesses privados.

Pela sua própria natureza, o *release* nega a cartilha do jornalismo ao promover apenas uma espécie de face "comercial" da informação. A releasemania é um fenômeno marcante da imprensa contemporânea. A ideologia do neoliberalismo e do *laissez-faire* ajuda a transformar as páginas dos jornais em vitrines comerciais, recheadas por *releases*.

A invasão desses textos híbridos é devida em grande parte aos custos empresariais das empresas jornalísticas e à dinâmica do próprio *newsmaking*, que exigem redações enxutas e uma produção otimizada com poucos ônus e recursos.

Em muitas situações, estes *releases*, também chamados de matérias frias, são projetados para criar uma disposição consumista, servindo de isca para atrair consumidores para um negócio, um produto, um serviço ou uma marca. Segundo Ben Bagdikian,

> O acréscimo das matérias frias aumentou o volume dos jornais e diminuiu drasticamente a proporção tradicionalmente destinada ao seu centro nevrálgico – os furos jornalísticos e os comentários. As prioridades das empresas de jornais foram silenciosamente rearranjadas para que se afastassem da transmissão dos eventos políticos mais importantes e prosseguissem em direção às questões editoriais centradas na publicidade. (1993, p. 216)

Na maioria das vezes, o *release* é publicado na íntegra, como se fosse uma notícia elaborada pelo próprio jornal.

Dirigismo – Produção de notícia pelo setor comercial de uma empresa jornalística

Outra manifestação da invasão sígnica da publicidade no espaço redacional é a crescente tendência das empresas jornalísticas de entregar algumas seções de "reportagens" aos departamentos comercial ou de publicidade. Isso "quase sempre gera matérias que não são classificadas como 'publicidade', embora estejam cheias de material promocional disfarçado de reportagem" (Bagdikian, 1993, p. 202).

Debaixo do silêncio e da conivência dos atores do *newsmaking*, a diretoria comercial ou de publicidade das empresas jornalísticas acaba produzindo, com periodicidade regular, material de cunho jornalístico-publicitário, sem identificação do caráter publicitário, plantando essas informações em meio ao espaço editorial da publicação. Isso virou uma rotina na pequena imprensa, mas já começa a revelar-se com incomum assiduidade na grande imprensa.

Recentemente, "alguns dos mais importantes jornais dos Estados Unidos deixaram de lado qualquer pretensão de que seus cadernos especiais constituam algum tipo de jornalismo e entregaram-nos nas mãos de seus departamentos de publicidade, para que os preencham com qualquer coisa que possa aumentar a venda de anúncios" (Bagdikian, 1993, p. 171).

"O departamento de publicidade do jornal *Houston Chronicle*, nos Estados Unidos, por exemplo, fornece todas as 'reportagens' das seguintes seções do jornal: casa, casas urbanas, apartamentos, turismo, tecnologia, criação e piscinas" (Bagdikian, 1993, p. 202).

Sobre isso, o vice-presidente de vendas e *marketing* do *Houston Chronicle* foi adequadamente sincero: "Não fazemos nada que seja polêmico. Não estamos no ramo da investigação. Nossa preocupação é dar apoio editorial aos nossos projetos publicitários" (Bagdikian, 1993, p. 202).

Tais fatos também já acontecem no Brasil. Alguns jornais retiraram das mãos dos jornalistas e entregaram, a partir de meados da década de 1990, o setor de redação das notícias de cadernos classificados ao setor de *marketing* publicitário.

Quinhentismo – Produção de notícia encomendada pelo setor comercial de uma empresa jornalística

É normal no *newsmaking* a ingerência do departamento comercial, do departamento de publicidade ou da própria diretoria-geral da empresa jornalística na linha editorial, determinando a produção de notícias específicas, que atendam aos interesses da organização. Essa é uma prática chamada de "pauta 500", que já faz parte do cotidiano das redações jornalísticas na imprensa de massa do mundo ocidental e oriental.

Usualmente, a pauta 500 "desce" até a redação pelas mãos do diretor de redação ou do editor-chefe, onde disfarçadamente se transforma numa pauta originária da própria redação. De forma velada ou não, fica implícito para o jornalista que executa a pauta a intenção da empresa com o tema a ser tratado.

Nesses casos, a autocensura dos jornalistas funciona como catalisador desse processo de natureza antijornalística. Os jornalistas esquecem a ética e os princípios da cartilha do jornalismo e perseguem o cumprimento da pauta como se fosse um esforço natural do cotidiano.

A pauta 500 acaba se transformando em notícia híbrida, exposta em meio ao espaço editorial da empresa jornalística. Apenas as "partes" interessadas percebem a "maquinação" por trás da informação. O leitor comum, leigo nos meandros do processo, absorve a informação sem desconfiança.

Editorialismo – Publicidade acompanhada por material editorial elogioso à empresa ou ao produto

A relação de comensalismo capitalista entre os setores de publicidade e da redação na imprensa de massa contemporânea tem provocado o estabelecimento de uma relação de cordialidade e de mútua sinergia. O setor publicitário sabe que depende da parte redatorial e o setor de redação sabe que a empresa, nesse modelo capitalista de jornalismo, não sobreviveria sem os ingressos do setor comercial. Portanto, desta "compreensão" recíproca, tem se materializado nas páginas dos jornais uma política de boa vizinhança.

Vêm sendo freqüentes os casos em que anúncios comerciais, presentes em determinada edição, são acompanhados de material editorial elogioso à empresa, ao produto, ao serviço ou à marca. Algumas vezes, o espaço editorial, inclusive, repete a mensagem do espaço publicitário, como uma forma de agradecimento da empresa ao investimento e para ajudar a reforçar a mensagem do cliente.

Na maioria das vezes, essa estratégia acontece de forma disfarçada. A publicidade e a sua correspondência no espaço editorial aparecem em páginas distantes ou em seções distintas. Muitas vezes, entretanto, a correspondência é automática. A publicidade e a menção na parte redatorial são contíguas ou têm uma grande proximidade.

Casamento fechado – Notícia e publicidade casadas, em espaço fechado

A sinergia entre os setores comercial e jornalístico das empresas de comunicação de massa provoca uma espécie de venda casada dos anúncios publicitários. No processo de negociação, a empresa vende o espaço publicitário para a apresentação de um anúncio e oferece como bônus a divulgação da mesma mensagem da publicidade, ou de outro tema relativo ao cliente, em espaço editorial contíguo. Em outras palavras, o anunciante ganha uma ou até mais notícias como brinde no fechamento de uma operação comercial.

Já faz parte da retórica comercial de muitas empresas jornalísticas oferecer a produção de uma notícia como *plus* em uma negociação. Caracteriza-se assim, de forma clara, a subjugação do departamento jornalístico aos interesses dos setores comerciais da imprensa. A notícia torna-se um mero apêndice de uma negociação comercial, perdendo seu sentido como produto do interesse público.

Essa estratégia é comum na pequena e média imprensa, localizadas principalmente em cidades pequenas, onde os jornais são quase totalmente dependentes do poder empresarial e político.

Casamento aberto – Notícia e publicidade casadas, em espaço aberto

Outra modalidade de mercantilização da informação é o chamado casamento aberto entre notícia e publicidade. À semelhança do modelo de casamento fechado, a notícia é usada como objeto de barganha em um contrato comercial com uma empresa anunciante.

Só que, em vez de a notícia ser entregue como brinde ao anunciante em um espaço contíguo à publicidade, a informação relativa à empresa, à marca, ao produto ou ao serviço é exposta na mesma edição jornalística em um local distante.

Esse tipo de venda casada procura apenas disfarçar a existência de um abuso do poder empresarial no ramo da comunicação e da informação. De qualquer forma, fica caracterizado o jugo do poder comercial sobre o poder da redação na empresa jornalística.

Demanda – Criação de produtos jornalísticos para a "publicação" de publicidades

A imprensa de massa pós-moderna passou a criar, a partir do final do século XX, uma série de produtos comerciais, como cadernos, encartes ou edições especiais, com o objetivo específico de atrair novas e mais densas verbas publicitárias e escoar a demanda do mercado. Embora sejam extensões do corpo jornalístico, esses produtos nascem com o estigma de ser, em essência, obras feitas sob medida para os investimentos publicitários.

Dessa maneira, a natureza de tais criações jornalísticas acaba se hibridizando com a natureza da própria ética publicitária. As páginas e páginas de notícias não conseguem esconder o objetivo oculto, mas objetivo do capital.

Nesse gênero, são encontrados, por exemplo, cadernos específicos sobre automóveis, imóveis, moda, lazer, turismo, mulher, televisão ou decoração. As edições especiais retratam efemérides notáveis ou acontecimentos de júbilo para a sociedade municipal, como o aniversário da municipalidade ou a comemoração de uma festa popular. Encartes apresentam normalmente repercussões ou análises sobre fatos econômicos ou financeiros de interesse coletivo.

Muitas dessas peças são turvadas pela sua índole transgênica e têm desconfigurada a sua identidade jornalística, ocasionalmente pela obra dos próprios redatores. A leitura de produtos jornalísticos coloridos, voluptuosos, com *design* diferenciado, acaba distorcendo a própria compreensão dos jornalistas sobre o papel da imprensa.

Algumas dessas produções revelam-se, em algumas ocasiões, autênticos embustes jornalísticos, já que apresentam notícias apenas na capa ou em reduzidas páginas e recheiam todo o seu conteúdo apenas com mensagens publicitárias. Com a justificativa de oferecer um enfoque diferenciado ou recortado da realidade, os jornais acabam ludibriando os leitores, que compram, na verdade, jornais "empanturrados" de publicidades.

Condicionamento – Publicidade condicionadora ou indutora da linha editorial

A ideologia da publicidade, do consumo, do *laissez-faire* e do *laissez-passer* acaba subvertendo as esferas de poder na imprensa de massa. A independência entre a redação e o setor comercial, existente na imprensa mítica, torna-se um conceito difuso na realidade pós-moderna. Apesar de estarem estruturalmente separadas e terem um funcionamento autônomo, os dois setores vivem debaixo do teto da mesma ideologia, a ideologia da publicidade, do consumo, do *laissez-faire* e do *laissez-passer*.

Portanto, o setor comercial ou mesmo a diretoria-geral das organizações jornalísticas acaba condicionando ou induzindo a linha editorial do jornal, imputando-lhe, muitas vezes, um caráter ostensiva ou veladamente comercial. Os veículos de informação são "coagidos" ou "constrangidos" a se render à ética do capital e do capitalismo.

Dessa maneira, embora não exista uma notícia, um editorial, uma coluna ou uma nota, com conteúdo objetivamente publicitário, o caráter mercantilista do veículo está presente no "espírito" do espaço editorial. Todas as unidades de informação trazem as marcas de uma publicação motivada prioritariamente por interesses privados e não pelos interesses da sociedade. Esses veículos de informação colocam os seus interesses como empresa acima dos interesses dos leitores.

Toda e qualquer notícia produzida leva a cicatriz dessa mentalidade empresarial. Todas as notícias, embora conceitualmente obedeçam à cartilha do jornalismo, são produtos da imprensa cor-de-rosa.

Os exemplos dessa prática de jornalismo são corriqueiros. Nos Estados Unidos, em 10 de outubro de 1999, o *Los Angeles Times* publicou uma edição especial de sua revista totalmente dedicada ao centro esportivo Staples Center, sócio do jornal. Além dessa sinergia muito arriscada, repórteres de outros veículos de comunicação descobriram três semanas mais tarde que os lucros da edição seriam divididos entre o Staples Center e o *Los Angeles Times*, contando, inclusive, com os investimentos feitos pelos fornecedores do centro esportivo na revista. Embora o jornal tenha chegado a pedir desculpas publicamente, a opinião pública dos Estados Unidos já havia flagrado a transgenia jornalística por trás da edição da revista.

Business – *Notícia sobre ações econômicas, financeiras, empresariais, comerciais, industriais ou de serviços*

A imprensa de massa da era moderna passou a adotar no século XX o sistema de divisão dos jornais em editorias. Isso procurou facilitar e fidelizar a leitura dos leitores, além de "organizar" a edição e a diagramação das páginas dos jornais e segmentar a especialidade dos repórteres, redatores e editores.

Os jornais da era pós-moderna são divididos, principalmente, nas editorias de política, economia, geral, nacional, internacional, polícia, rural, cultura e esporte, embora existam inúmeras variações de jornal para jornal em termos de identificação e estruturação de cada setor da redação. Em muitas empresas, existem ainda editorias especiais para a produção de cadernos ou produtos segmentados. Em alguns casos, pode ocorrer até a organização de uma "força-tarefa" dentro da redação, incumbida de executar um encarte ou uma edição especial.

Essa fragmentação da estrutura da mídia impressa fez surgir a editoria de economia, que também pode ser encontrada sob a denominação de negócios, empresas, *business* ou diversas outras terminologias. Nessa área, a equipe de repórteres, redatores e editores é responsável pela apuração e produção de notícias relativas ao universo econômico, financeiro, empresarial, comercial, industrial ou de serviços do mundo, do país, da região e da localidade-sede da empresa jornalística. Tal tarefa impõe à equipe de jornalistas e ao jornal o difícil exercício de transitar entre os limites da informação e da persuasão, do interesse público e do interesse privado, da divulgação e da promoção.

O noticiário apresentado nessa seção apresenta invariavelmente um conjunto de informações que, segundo os princípios do jornalismo, interessam à sociedade mas, ao mesmo tempo e especialmente, ao poder econômico.

Dessa forma, as páginas dessa editoria acabam muitas vezes servindo mais como "suporte" publicitário para potencializar interesses privados do que para atender à sociedade. Cada notícia da editoria econômica carrega em si a dupla perspectiva de informar e persuadir, de estar simultaneamente fazendo jornalismo e publicidade.

Muitas dessas editorias são conduzidas, na verdade, para escoar os interesses da própria empresa jornalística em sua relação empresarial com o universo econômico privado. Em vez de desempenhar o papel jornalístico de informar, as editorias tornam-se esteio para a consecução das "necessidades" econômicas do jornal.

A editoria econômica torna-se um espaço privilegiado em que a empresa jornalística pode desenvolver uma política de "cordialidade" com seus próprios anunciantes, priorizando e favorecendo, muitas vezes, as informações daquelas atividades, segmentos ou negócios que mais possam auferir vantagens econômicas.

Ambigüidade – Notícia sobre anúncios publicitários

Jornais e revistas em diversas partes do mundo, ligados principalmente ao segmento das notícias de variedades, moda, fofocas do mundo social, amenidades e *fait divers*, quase sempre dirigidas ao público leitor feminino, têm passado a publicar informações sobre o mundo da publicidade. São, muitas vezes, resenhas ou análises mais apuradas de especialistas do ramo sobre produtos comerciais já anunciados. Em outras situações, entretanto, são registradas menções gratuitas a anúncios ou campanhas promocionais, muitas vezes ambiguamente elogiosas. Existem, inclusive, registros de campanhas entre leitores para que estes escolham os melhores anúncios da edição anterior.

Notadamente, tal tipo de informação não é proibido, não é antiético, nem ao menos fere frontalmente os princípios do jornalismo. Se o tratamento dado à informação estiver dentro dos parâmetros essencialmente jornalísticos e este for objetivado pelo interesse público, todo e qualquer acontecimento ou dado da realidade pode ser representado nas páginas da mídia de massa.

Entretanto, nesses casos, paira sempre a suspeita de que, pela sua ambigüidade, notícias sobre "fatos publicitários" escondam em seu bojo o motivo subterrâneo de promover, agradar, retribuir ou favorecer determinada empresa anunciante.

Ao transitar jornalisticamente sobre o universo antagônico da publicidade, o jornal assume o risco de desvirtuar sua natureza e transviar seu papel. O preço é a acusação de ser, sobretudo, um produto publicitário antes que um veículo eminentemente jornalístico.

Mais do que isso, ao valorizar e dar amplitude a questões do universo da publicidade, a empresa jornalística acaba disseminando entre seus leitores uma ética de valorização da publicidade, distorcendo completamente sua função precípua como veículo de informação.

Tudo isso pode estar provocando, o que poderá ser tema de uma interessante pesquisa, o aparecimento de leitores interessados mais em anúncios publicitários do que nas próprias informações jornalísticas. Seriam espécies de leitores transgênicos, portadores da ética pós-moderna do consumo.

Indicidade – Publicação de índice de anúncios

A exemplo do gênero ambigüidade, os jornais pós-modernos também dão ênfase, credibilidade e legitimidade ao universo publicitário mediante apresentação, em suas páginas, de índices dos anúncios comerciais.

Essa fórmula foi criada no Brasil pela revista *Senhor*, na década de 1960, e hoje aparece adotada principalmente em muitas revistas dirigidas para o segmento feminino. Os índices de anúncios, que não aparecem necessariamente na mesma página do índice de notícias, são um recurso, talvez, para agradar às empresas anunciantes bem como deixar nítida ao público empresarial a disposição da publicação jornalística em dar um tratamento "especial" aos anúncios.

No Brasil, esse hábito aparece hoje, por exemplo, em revistas dirigidas ao universo empresarial como *Exame* e em outras destinadas ao público feminino como *Cláudia* e *Nova*, ambas da Editora Abril, de propriedade da família Civita.

Bem ou mal, a indicidade de anúncios acaba servindo como guia para orientação e busca de determinadas mensagens comerciais, embora seja difícil acreditar que os leitores estejam se valendo desse recurso para consultar os anúncios. Nada na sociologia da comunicação encaminha para a percepção de que o leitor precise de uma listagem de anúncios, sob qualquer motivo.

É pertinente considerar, dessa forma, que o índice de publicidades exerce uma hipotética disfunção da empresa jornalística ao estabelecer um clima de "cordialidade" com o universo anunciante, deixando clara a sua "atenção" especial aos produtos e às mensagens publicitárias.

Merchandising – *Evocação intencional de uma empresa, de uma marca, de um serviço ou de um produto no espaço editorial*

O *merchandising* editorial é uma estratégia do composto de *marketing* utilizada corriqueiramente nos veículos de comunicação de massa. Consiste na evocação intencional, paga ou não, de uma empresa, de uma marca, de um serviço ou de um produto no espaço editorial, nos programas ao vivo ou gravados, nos folhetins eletrônicos ou nas produções ficcionais.

Merchandising editorial, ou *tie-in*, acontece normalmente em uma "ação integrada ao desenvolvimento da trama editorial e pertinente a seu contexto, por encomenda e mediante pagamento feito pelo anunciante" (Sampaio, 1995, p. 176).

Embora seja uma estratégia comum nas produções da área de cultura e entretenimento, o *merchandising* começou a aparecer no final do século XX também no espaço jornalístico, por meio de quatro possibilidades:

- marca, empresa, serviço ou produto evocado intencionalmente em espaço opinativo;
- marca, empresa, serviço ou produto evocado intencionalmente em uma foto;
- marca, empresa, serviço ou produto evocado intencionalmente em um espaço informativo;
- marca, empresa, serviço ou produto evocado intencionalmente em um espaço interpretativo.

O objetivo deliberado do *merchandising* na esfera jornalística, seguindo o exemplo da esfera comercial, é o de amealhar capital para o jornal. Para o anunciante, o lucro é potencializado, já que a evocação em um espaço jornalístico consegue dar foro de credibilidade e legitimidade jornalísticas à marca, à empresa, ao serviço ou ao produto. Pago ou não, o efeito é muito maior do que se a mensagem fosse divulgada como anúncio.

Os princípios do jornalismo vetam a promoção ou evocação, intencional ou não, de qualquer tipo de marca, empresa, produto ou serviço no espaço editorial. A cartilha reza que tal situação jornalística, quando for necessária, deve preservar o anonimato e impedir que a seção redacional seja explorada por objetivos escusos.

Essas regras têm sido, contudo, quebradas e cada vez mais ocorrem casos de negociação de *merchandising* na esfera jornalística na mídia impressa mundial. Algumas vezes, estes *merchandisings* ocorrem *business to business*, mas, em muitos casos, os jornalistas "negociam" o "contrato" diretamente com o anunciante, sem o conhecimento da cúpula diretiva do jornal.

Em julho de 1998, três emissoras de TV brasileiras e os apresentadores de programas de variedades desses canais ganharam cachê de uma organização não-governamental (ONG) para fazer propaganda em favor da privatização da Telebrás. O jornal *Folha de S. Paulo* denunciou o esquema em sua edição de 28 de novembro de 1998.

Hebe, Ratinho e Ana Maria Braga deram suas opiniões sobre a privatização a partir de um mesmo texto, criado por publicitários. [...] O empresário Sérgio Koury de Assis Fonseca, um dos seis membros fundadores da ONG Brasil 2000, disse que a intenção era fazer um comercial disfarçado de merchandising. É o mesmo que eles estivessem falando: Tome guaraná Antarctica. Porque é gostoso! Faz bem à saúde. (Finotti, 1998, p. 4.11)

Consumismo direto – Estímulo ao consumismo direto

O homem pós-moderno é o retrato da sociedade e dos valores morais e sociais de onde ele vive. Hoje, o cidadão é, antes de tudo, um consumidor, que raciocina e se comporta de acordo com os padrões capitalistas de sua época.

A mídia de massa reflete da mesma forma essa realidade. A sociedade de consumo transportou para dentro dos jornais e incutiu nos jornalistas a ideologia do consumismo.

As páginas de muitas das publicações impressas do mundo são reflexo direto da mentalidade consumista da era pós-moderna. Em tudo, a ideologia do consumo deixa suas marcas e suas evidências. Os fatos e acontecimentos do cotidiano carregam em si, subliminarmente, os parâmetros, as convenções e os indicativos de uma sociedade voltada para o capital e para a fugacidade do materialismo.

A mídia de massa impressa trata, portanto, de acompanhar a ideologia da época e, sempre de olho nos índices de audiência ou de vendagem, oferece aos leitores o que eles desejam.

Dessa forma, um grande porcentual de revistas e jornais tem elegido como linha editorial o estímulo a um consumismo direto, retratando em suas páginas peças de vestuário, objetos do lar, novos lançamentos, tendências da moda, opções de presentes, estilos de decoração, padrões de comportamento, inovações tecnológicas, produtos inéditos, sugestões de lazer, indicações turísticas, modelos de arquitetura e *design* etc. Muitas vêm, inclusive, com preços, endereços de lojas ou de fornecedores e indicações ou orientações anexas.

Estas são nada mais do que informações transgênicas que levam em seu interior o gene da ética publicitária. Tais informações buscam objetivamente induzir ao consumo e ferem frontalmente os princípios do jornalismo, embora, diante do regime de relatividade e flexibilidade da pós-modernidade, sejam aceitos como parte de um universo normal.

Não há nem a preocupação de mascarar ou maquiar as informações para impedir que os leitores em busca de informação se sintam ludibriados. Na maioria das publicações desse segmento de jornalismo de consumo, os leitores parecem demonstrar satisfação em ler amenidades e *fait divers*, e até mesmo por dispor, segundo a Teoria da Dependência, de um veículo que possa situá-los e atualizá-los nos padrões sociais.

Consumismo indireto – Estímulo ao consumismo indireto, pelo estímulo a um modo de vida

A ideologia do consumismo nem sempre aparece de forma explícita e objetiva. Muitas das publicações pós-modernas desenvolvem um tipo de consumismo indireto, em que não se incita os leitores à aquisição de um bem, um produto ou um serviço de maneira ostensiva. De maneira mais sutil e mais aguda, essas publicações induzem os leitores a um estilo de vida.

Esse efeito procura influenciar os leitores mediante a sedução com conceitos e abstrações, induzindo-o, só em uma etapa posterior, a praticar o consumismo. É um jogo de sensualidade semântica, em que, na maioria das vezes, o leitor não percebe que está sendo "fisgado" e suavemente "empurrado" para o hedonismo do consumo.

Tanto os repórteres e redatores como os editores não se dão conta ou fingem não ter consciência de que este é mais um modelo do gênero de jornalismo-publicitário. Em cada nota ou notícia, esses jornais e revistas estão indo muito além do ofício de informar.

Esse universo de informações e o território onde elas se apresentam transgridem os mandamentos do jornalismo, gerando, na verdade, uma anomalia conceitual nos cânones da teoria da comunicação.

Tais publicações se notabilizam pela sua disposição inata em legitimar a ética transgênica da publicidade, servindo flagrantemente como instrumento exclusivo de interesses econômicos.

Chamariz – Notícia-isca para a publicidade

A dependência da mídia de massa do poder estatal ou do poder econômico leva muitas empresas jornalísticas a submeter a linha editorial do veículo de comunicação aos gostos e às vontades dos detentores do poder, criando o "clima" ideal para que o veículo seja palco de anúncios publicitários. Nesse ramo de jornalismo, a linha editorial é conduzida para que atraia e capte o capital privado para o setor comercial da empresa.

As notícias, reportagens, colunas etc. servem muitas vezes apenas como "iscas" para a atração de anúncios para dentro do jornal. Algumas organizações jornalísticas, principalmente as pequenas, dependentes quase 100% do capital privado, chegam a produzir e publicar repetidas notícias acerca de uma empresa ou de um fato econômico ligado ao ramo empresarial, buscando "constranger" estas para que anunciem comercialmente em suas páginas, como retribuição pelos "serviços prestados".

Em outras palavras, os empresários da comunicação que comungam dessa concepção de jornalismo levam a linha editorial dos seus veículos a se "prostituir" em nome da necessidade maior de ingressos de capital. As notícias são "preparadas" sempre com muito cuidado para que não firam as fontes potenciais de recursos para o jornal e, mais do que isso, agradem e seduzam a essas fontes, tratando-as como uma espécie de "convidados de honra" das páginas de notícias.

As "iscas" acabam fazendo parte de um jornalismo que há muito tempo abandonou os princípios e as normas do ofício em busca do capital.

Isomorfismo – Jornais publicitários

As facilidades colocadas na legislação para que se abra uma empresa jornalística e a falta de órgãos comunitários que fiscalizem o compromisso dos veículos com o interesse público e com os princípios do jornalismo permitem que existam hoje no mundo inteiro jornais criados apenas com o fim publicitário.

Estes jornais podem ser já a maioria no mundo ocidental e desempenham exatamente o papel para o qual foram criados. São extensões dos interesses corporativos ou do poder econômico, que retratam em suas páginas as "notícias" que mais facilitam e potencializam seus interesses.

Existem milhares e milhares dessas publicações, abertas por cooperativas, entidades empresariais, bancos, lojas, varejistas, atacadistas, supermercados, *shoppings*, sociedades anônimas, bazares, escolas, universidades, seguradoras, montadoras, franquias, *holdings*, multinacionais, hotéis, companhias aéreas, mineradoras etc.

A falta de fiscalização da exigência de jornalistas diplomados, as licenciosidades do gênero informativo e a tolerância silenciosa dos atores do *newsmaking* alimentam a engrenagem desse sistema nascido apenas para favorecer o poder econômico.

Como os leitores são leigos no processo e nas exigências do ofício jornalístico, a opinião pública, pelo menos uma grande parte, acaba atribuindo credibilidade e legitimidade às informações desses veículos segmentados. Não existe uma consciência crítica ou uma capacitação coletiva que faculte o discernimento e o filtro necessário para notícias criadas artificialmente apenas para promover e persuadir.

Muitas vezes, essas publicações disputam em condições de igualdade no mercado com os jornais legítimos, roubando fatias de leitores e distorcendo a compreensão da sociedade civil sobre o que é jornalismo e qual o seu papel.

Essa categoria de jornais transgênicos publica, em muitos casos, "notícias", pretensamente jornalísticas, apenas como contingências do negócio, afinal de contas, por essa mentalidade, um jornal por mais publicitário que seja tem de parecer jornalístico para conseguir chegar até ao consumidor que existe em cada leitor.

Existe, inclusive, um segmento de jornais feitos tão-somente com publicidades, que, pela flexibilidade e relatividade pós-modernas, cumprem a disfunção de informar "publicidades".

Integração – A autocensura, a lavagem cerebral, a cooptação ou a "compra" de jornalistas

Os jornalistas são agentes ativos no processo crescente de penetração da publicidade sobre a ideologia, a estética, a ética e o *newsmaking* jornalísticos. Integrados à superestrutura da pós-modernidade, os jornalistas acabam transplantando para o ofício do jornalismo o regime de flexibilidade e relatividade pós-modernas.

Os profissionais da informação adotam, em síntese, a ética da tolerância, fechando os olhos para os princípios e a moral do jornalismo. Existem casos registrados em que jornalistas ou comunicadores de empresas de televisão no Brasil venderam sua opinião (ver item *Merchandising*, à p. 132). Em certas ocasiões, os jornalistas emprestam sua arte de redigir e criar para produzir as informações que sairão exibidas em anúncios comerciais. Em outras situações, os próprios jornalistas agenciam publicidades nas páginas dos jornais, para arrematar os 10% ou 20% de comissão na transação.

Em muitas situações, os jornalistas desenvolvem as chamadas pautas 500 (ver item Quinhentismo, à p. 125) ou se submetem às imposições de caráter comercial exigidas pela direção da empresa em que trabalham. Armand Mattelart lembra que todos os códigos de ética vedam aos jornalistas redigir material publicitário, mas ninguém na profissão respeita essa norma. Diz ele:

> Publi-informação, publi-reportagem, publi-*scope*, publi-especial (em inglês, *advertorials*): páginas de publicidade compostas de textos baixados de forma tradicional. Estes textos, financiados por um anunciante e elaborados sob seu controle direto, se redigem ou se concebem inteiramente (maquete, escolha de fotos e ilustrações etc.) nas agências especializadas que realizam o público e ponto a ponto por free-lancers ou por jornalistas da redação de um diário ou de uma revista. A busca do mais parecido entre publicidade redacional e averiguações jornalísticas faz este gênero profundamente ambíguo. Tanto mais que nem todas as publicações são tão escrupulosas como para prevenir a possibilidade de confusão entre as duas. (1991, p. 92)

Por outro lado, existem casos em que os próprios jornalistas cultivam uma ética interior favorável ao universo publicitário. Por uma questão de censura com origem endógena ou exógena, os profissionais da informação desenvolvem nos jornais uma mentalidade e uma disposição favoráveis para gerar notícias com caráter comercial ou publicitário, ou mesmo para facilitar o esforço da empresa nesse objetivo. Isso faz com que o jornal e o jornalista produzam notícias "comerciais" sem que haja a necessidade de interferência, de indução ou de "compra" dessa intenção. O jornalista e sua ética interior ajudam a beneficiar o ideologismo, o consumismo e todos os gêneros do jornalismo publicitário.

Ideologia – A ideologia publicitária no produto jornal

A partir do século XX, uma espécie de ideologia publicitária, originária das empresas anunciantes, passou paulatinamente a contaminar a lógica de produção das empresas jornalísticas. A mentalidade capitalista, encarnada na retórica da publicidade, ocupa os espaços da área jornalística, das produções culturais e educativas, do território comercial, das campanhas sociais, dos programas esportivos, artísticos e religiosos etc.

A ideologia publicitária permeia, enfim, todas as produções dos veículos de comunicação, condicionando os padrões e os procedimentos das organizações midiáticas. A publicidade está presente não só como fetiche capitalista dos bens simbólicos, mas no próprio "fazer comunicativo".

Esse regime de contaminação da publicidade sobre o conteúdo editorial atinge desde a produção, seleção e edição até a publicação das notícias. Empoderados pela sua "energia econômica",[1] os anunciantes estendem seus tentáculos sutis e invisíveis sobre o *newsmaking*. Como os meios dependem dos financiamentos e, por isso, são obrigados a esse jogo, acabam-se admitindo certas conveniências no processo.

Correia (1997, p. 113) revela que "mesmo se ela não tenta influenciar diretamente os textos de opinião e a seleção das notícias, nem por isso a publicidade deixa, de algum modo, de ameaçar a liberdade das reportagens, incitando os *media* a uma certa autocensura, na medida em que a sua própria existência depende desta publicidade".

Bagdikian observou que esse tipo de prática já era normal nos Estados Unidos, nos anos 1960:

> Trinta anos atrás era comum os jornais resistirem às notícias que pudessem ofender algum grande anunciante. Incêndios de lojas de departamentos, violações das normas de segurança, providências da saúde pública contra restaurantes que anunciavam e ações contra comerciantes de carros raramente eram publicadas. O jornal médio costumava publicar reportagens sobre algum anunciante ou anunciante em potencial que, na realidade, não passavam de propaganda promocional. O BOM (*Business Office Must*) [chamado no Brasil de pauta 500] era um acessório padrão em quase todos os jornais, um memorando do departamento comercial que obrigava o departamento de notícias a publicar uma reportagem com objetivo de agradar a

um determinado anunciante. Com o passar dos anos, na maioria dos jornais – mas não em todos – essa corrupção chocante das notícias diminuiu ou desapareceu. Entretanto, a censura das informações ofensivas aos anunciantes continua. (1993, p. 200)

Sintonia – A sintonia entre o espaço jornalístico e o espaço publicitário

A ideologia publicitária chega a determinar hoje as próprias composição, organização e distribuição dos espaços nas páginas dos jornais. Pesquisas acadêmicas comprovaram que o efeito da publicidade e o crédito que o leitor lhe atribuirá dependem do local onde o anúncio for exposto e da proximidade deste com a parte redatorial. Diz Ciro Marcondes Filho:

> A eficácia dos anúncios diminui de forma manifesta com o progressivo distanciamento da parte noticiosa; com isto, os promotores da publicidade estão prontos a pagar a proximidade espacial de seus anúncios em relação à parte redacional com consideráveis aumentos. Por exemplo, o milímetro de anúncio, na edição de sábado do *Werlt*, nos classificados, custa 4,70 marcos (para uma coluna de 45 mm de largura); na parte de textos, ao contrário, 26,80 marcos (para uma coluna de 58 mm). Um outro exemplo da disposição evidente dos anunciantes em também pagar mais pelo valor de atenção mais alto, são os preços dos anúncios dos "Ilustrados da Cidade" (*Stadtilustriert*) que aparecem como suplementos de revistas de públicos específicos. O seu preço, por milhares, é duas vezes maior que os dos jornais diários regionais com os quais eles concorrem. Isto também é justificado na divulgação dos *Stadt-Illu*, da seguinte maneira: o tamanho dos *Stadt-Illu* será sempre rigorosamente limitado, ou seja, não haverá nenhum cemitério de anúncios; qualquer anúncio estará completo e por inteiro no centro. (1984, p. 72)

Segundo Correia, "são o número, a dimensão e o local dos anúncios nas páginas ou nos horários que condicionam a organização e disposição dos textos e programas jornalísticos, e não o contrário. Este mesmo condicionamento existe em relação ao próprio lançamento do trabalho redatorial". Vejamos:

> O número de páginas de um suplemento ou a periodicidade de um programa estão dependentes da publicidade angariada; os projetos (revistas, su-

plementos, programas, rubricas) só avançam se, à partida, existirem patrocinadores, ou então são lançados (o que é sempre um risco) já tendo em vista potenciais patrocinadores. Não raro, é mesmo destes que partem propostas, idéias e sugestões para eventuais iniciativas jornalísticas. O próprio lançamento (ou encerramento) da publicação, por exemplo, de revistas especializadas, tem muito a ver com a situação conjuntural do mercado publicitário do respectivo setor. (1997, p. 112)

O favorecimento criado à publicidade nos jornais, no entanto, é mais profundo do que somente uma relação de influência espacial. Também o conteúdo do texto jornalístico tem influência sobre o conteúdo publicitário de um jornal e vice-versa. Um jornal brando terá publicidades adequadas. Um jornal investigativo atingirá aqueles anunciantes mais simpáticos a essa linha. Um jornal perdulário atrairá os anúncios com esse caráter. Um jornal ético concentrará a publicidade ética.

A índole das notícias e a linha editorial do jornal acabam assumindo, em virtude da convivência com a publicidade e com a ética do mercado, a lógica dessa semântica. A ordem é criar um "clima" de harmonia e afinidade entre os anúncios e as notícias, o que possibilita "efeitos positivos" para os dois lados.

Marketing – *Estratégias de* marketing *para atração de leitores*

Os jornais da era pós-moderna diversificaram suas estratégias para atrair cada vez mais novos leitores. A intenção é vitaminar a tiragem e a vendagem e capitalizar rapidamente a empresa. Na maioria das vezes, as empresas jornalísticas recorrem a táticas de *marketing* para, dentro de uma sociedade capitalista, oferecer um produto em uma situação competitiva de mercado.

Para tanto, a mídia de massa tem recorrido a promoções populares, ofertas temporárias, distribuição gratuita, sorteio de bens, assinaturas premiadas, lançamento de cupons, estabelecimento de descontos em parcerias, cartão do assinante etc.

Muitos jornais viraram bazares onde podem ser adquiridos livros, enciclopédias, atlas, CDs, viagens turísticas, volumes da Bíblia, ingressos a eventos, computadores, relógios, assinaturas gratuitas, *softwares*, cursos de inglês, dicionários etc.

Alguns jornais empastelam as páginas com cores chamativas, muitas fotos, ilustrações, infográficos, textos curtos em letras grandes, notas e mais notas, colunas de fofocas, planejamento gráfico arrojado, pesquisas e mais pesquisas de opinião etc.

Outras empresas chegam a lançar jornais populares a preços extremamente baixos e acessíveis à população, criando um vínculo de fidelidade graças ao suporte financeiro dado exclusivamente pela publicidade e pelas estratégias de promoção.

Determinadas publicações investem um capital expressivo para obter tecnologia de ponta, impressão em cores, transmissão simultânea via satélite, rapidez na distribuição, vantagens comparativas, paginação atraente, preços acessíveis, agilidade, diversificação de mercado etc.

O resultado de todas essas estratégias de *marketing* tem sido jornais cada vez mais audaciosos e atraentes, mas com pouco conteúdo e quase nenhum compromisso com a verdade, com a informação e com o interesse público. Os jornais tornam-se meros produtos de mercado, que disputam espaço e lutam para crescer com as mesmas regras de qualquer outra empresa dos setores primário, secundário ou terciário da economia. As regras que mobilizam os empresários da comunicação e do próprio corpo de jornalistas são motivadas por decisões de mercado. Os princípios do jornalismo tornam-se assim uma parte apenas acessória de um processo e de um produto da mercantilização.

Estética – A estetização como estratégia de persuasão

Os jornais pós-modernos incorporaram a estética da pós-modernidade. São textos curtos, manchetes garrafais, infográficos, retrancas, *drops*, tabelas, fotos grandes e chamativas, quadros explicativos, variedade de cores e recursos visuais múltiplos. Tudo para atrair e fixar a atenção dos leitores.

Essa estética, decorrente principalmente do processo de sensacionalismo que impregna a imprensa pós-moderna, provoca ocasionalmente o fenômeno da carnavalização das páginas dos jornais, saturando-os com uma delirante linguagem visual, embora vazia em conteúdo e reflexão.

A lógica desse ideário visual é potencializar o jornal como produto de mercado e estabelecer uma estratégia de *marketing* diante da concorrência das empresas que disputam o mesmo negócio e o mesmo nicho. A regra dos *designers* é provocar impacto visual, destacando o jornal no bazar de notícias diárias.

O impacto produzido pela imprensa sensacionalista precisa, nessa lógica, vir naturalmente acompanhado de um coerente escândalo de imagens, que crie uma unidade lingüística integral.

Sobretudo, a estetização do jornalismo é fruto do processo de estetização generalizada da pós-modernidade, que liquidifica a arte e os valores culturais em nome do capitalismo mercantilista. Os jornais reproduzem a lógica da "era da reprodutibilidade técnica", denunciada por Walter Benjamin. A estetização transforma a realidade em pastiche, em simulacro, em mimese, esvaindo os sentidos e os conceitos sobre a própria realidade.

No jornalismo, o que importa é a lógica do impacto e do escândalo e não mais as informações impactantes ou escandalosas. Se a realidade não oferecer fatos interessantes e surpreendentes, a mídia trata de produzi-los.

Vitrine – A visita de pessoas físicas ou jurídicas ao veículo jornalístico com a intenção deliberada de gerar uma notícia

Uma estratégia corriqueira na apresentação de publicidades em jornais consiste em retratar e registrar a visita de pessoas físicas ou jurídicas à direção ou à redação do veículo jornalístico. Esta "visita" de cortesia ou com o motivo de repassar informações ao jornal transforma-se invariavelmente numa publicidade ou propaganda gratuitas.

Sob o foro legítimo da informação, o jornal acaba desenvolvendo publicidade em vez de jornalismo e fertilizando assim a transgenia na comunicação.

É comum verificar-se a visita de prefeitos, empresários, comitês de organização de eventos, rainhas e princesas de festas populares, políticos, candidatos à política, personalidades do mundo *fashion*, artistas, cantores, empreendedores, investidores etc.

Muitas destas "visitas" carregam o interesse clandestino do visitante em obter uma publicidade privilegiada. Para isso, existe a compactuação da empresa jornalística, que trata o fato como parte integrante de uma relação de "troca de favores" do mercado.

O jornal perde assim, mais uma vez, seu sentido como espaço de informação e de domínio público, servindo para promover os interesses privados diretos do dono e de oportunistas.

Nota

1. Utiliza-se essa expressão para caracterizar os "superpoderes econômico, ideológico e político" que as empresas anunciantes detêm hoje diante de uma sociedade que coloca em primeiro lugar o livre mercado e o capitalismo.

5

A estética da mercadoria

> *Tudo agora deve se tornar estético.*
> *A verdade, o cognitivo, torna-se aquilo*
> *que satisfaz a mente, ou o que nos*
> *permite movimentar por aí*
> *do modo mais conveniente.*
>
> TERRY EAGLETON

A matriz do processo de mutação dos paradigmas do jornalismo é uma espécie de ideologia publicitária-mercadológica-liberal[1] pós-moderna. A linguagem jornalística incorpora antes, durante, depois, sob, sobre, intra, inter e trans a palavra, a linguagem e o discurso da racionalidade econômica da sociedade. Não só da razão pura do mercado, mas da estética,[2] do simulacro e do teatro do mercado representados na mercadoria.

Na sociedade contemporânea, a informação, a notícia, o jornal e a imprensa em geral são estetizados, marketizados e mercadorizados. A realidade dá lugar à estética da realidade. O esforço de objetividade dá lugar à estética da subjetividade. A apresentação torna-se uma representação protética e artificial.

As mutações, enfim, são generalizadas e subvertem as lógicas da comunicação e da informação. O ultramercado, mediante sua ideologia publicitária-mercadológica-liberal, altera o DNA da realidade, em sua essência e em sua aparência, e produz uma estética pós-moderna, transgênica e cor-de-rosa, que domestica os espaços, os corpos, os sentidos e as tangências, bem como sintetiza uma forma de "Renascimento Imagético", que orbita com liberdade na sociedade midiática.

O que conforma a realidade e o que determina a verdade é uma derivação da ética da estética, uma ética ultra-ética, estabelecida pela derrisão dos princípios e das matrizes epistemológicas e sociais.

Nessa dimensão, tal estetização promove proporcionalmente a mutação do gene da informação e realoca a racionalidade do jornalismo. Hibridizadas pela pós-modernidade, as mutações desencadeiam uma instabilidade genética generalizada na imprensa, que reforma sua natureza epistemológica e acaba internalizando, nos cromossomos, a idiossincrasia volátil do mercado.

A mídia torna-se um universal teatro virtual e a vida, midiatizada e artificializada, transforma-se em simulação. Em síntese, a pós-modernidade estética transforma o universo da imprensa e da mídia em uma era essencialmente adorniana,[3] baudrillariana[4] e nietzschiana.[5] A simulação, de que fala o teórico francês Jean Baudrillard, a alienação, a mercadorização e a irracionalidade do consumo, denunciados pelo filósofo alemão Theodor Adorno, e a falsidade e a inconsciência, apontadas pelo iconoclasta Friedrich Nietzsche, representam a essência da nova civilização midiática, contaminada irreversivelmente pela lógica publicitária-mercadológica-liberal.

> Diz-se que o grande empreendimento do Ocidente é a mercantilização do mundo, de tudo entregar ao destino da mercadoria. Parece, porém, que foi a estetização do mundo, sua encenação cosmopolita, sua transformação em imagens, sua organização semiológica. Estamos assistindo, além de ao materialismo mercantil, a uma semi-urgia de cada coisa através da publicidade, da mídia, das imagens. Até o mais marginal, o mais banal, o mais obsceno estetiza-se, culturaliza-se, musealiza-se. Tudo é dito, tudo se exprime, tudo toma força ou modo de signo. O sistema funciona não tanto pela mais-valia da mercadoria, mas pela mais-valia estética do signo. (Baudrillard, 1990, p. 23)

Para Belarmino Costa, neofrankfurtiano brasileiro, a estetização da mercadoria notícia transcende a própria exposição do conteúdo em si, já que "uma manchete no jornal, as infografias e utilização de fotos, a computação gráfica que permite simulações na TV, o recorte, a montagem e a exposição de imagens, que se agregam à matéria-prima informação, são condições para expor à venda e à circulação da mercadoria notícia" (2000, p. 153).

Na verdade, na nova era, em princípio não existe mais uma ordem cartesiana ou matemática, nem um processo de causa e conseqüência. A nova estética, que Wolfgang Fritz Haug (1997) denomina estética da mercadoria, determina, em tudo, o valor de troca, gangrenando o valor de uso das coisas.

A divisão do valor das mercadorias em valor de troca e valor de uso foi proposta por Karl Marx, em *O capital*. Esses padrões de medida decorrem, segundo o filósofo, das naturezas diversas dos objetos a medir e das convenções sociais atribuídas às mercadorias.

O valor de uso é definido pela utilidade da coisa e só se realiza com a utilização ou o consumo. O valor de uso constitui o conteúdo material da riqueza, qualquer que seja a forma social dele, e, na forma da sociedade capitalista, o valor de uso é o veículo material do valor de troca.

"O valor de troca revela-se de início na relação quantitativa do valor de uso de espécies diferentes, na proporção em que se trocam, relação que muda constantemente no tempo e no espaço. Por isso, o valor de troca parece algo casual e puramente relativo e, portanto, uma contradição em termos, um valor de troca inerente, imanente à mercadoria" (Marx, 1982, p. 42).

A ética da publicidade, com a força energizada do valor de troca, acaba, dessa forma, invertendo a racionalidade e baudrillarizando o jornalismo. Nessa inversão, o valor de troca escraviza o valor de uso.

> A aparência na qual caímos é como um espelho, onde o desejo se vê e se reconhece como objetivo. Tal como em uma sociedade capitalista monopolista, na qual as pessoas se defrontam com uma totalidade de aparências atraentes e prazerosas do mundo das mercadorias, ocorre por meio de um engodo abominável algo estranho e pouquíssimo considerado em sua dinâmica. É que seqüências intermináveis de imagens acercam-se das pessoas atuando como espelhos, com empatia, observando o seu íntimo, trazendo à tona os segredos e espalhando-os. Nessas imagens evidenciam-se às pessoas os lados sempre insatisfeitos de seu ser. A aparência oferece-se como se anunciasse a satisfação; ela descobre alguém, lê os desejos em seus olhos e mostra-os na superfície da mercadoria. Ao interpretar as pessoas, a aparência que envolve a mercadoria mune-a com uma linguagem capaz de interpretar a si mesma e ao mundo. Logo não existirá mais nenhuma outra linguagem, a não ser aquela transmitida pelas mercadorias. (Haug, 1997, p. 77)

O cidadão/consumidor pós-moderno lê a si mesmo em cada nova notícia e sente as suas próprias pulsões em cada nova imagem. A mídia e a imprensa fraudam o poder de criar, recriar, ocultar ou transformar a realidade, reproduzindo-a num novo espaço meramente ilusório.

A catarse psicológica e a inconsciência coletiva dão forma e sentido à grande embalagem social, racionalizada em parte pelos signos estéticos do jornalismo e da publicidade.

Na esteira dos estudos de Herbert Marcuse e Walter Benjamin, Wolfgang Fritz Haug, em sua obra *Crítica da estética da mercadoria*, de 1971, ajudou a desvelar a racionalidade imanente à estetização do mundo aparente fermentado pela sociedade de massas, afirmando que a tendência para a "tecnocracia da sensualidade situa-se economicamente desde os primórdios do capitalismo na subordinação do valor de uso ao valor de troca".

> A produção de mercadorias não tem como objetivo a produção de determinados valores de uso como tais, mas a produção para a venda. O valor de uso desempenha no cálculo do produtor de mercadorias o papel esperado pelo comprador, fato que é preciso considerar. (Haug, 1997, p. 26)

Na verdade, Wolfgang Fritz Haug traduz os princípios do fetichismo do objeto de consumo, apresentado por Karl Marx, como parte do processo do modo de produção capitalista. Segundo Marx, a mecânica do capitalismo fetichiza produtos para adaptá-los ao consumo e, assim, "capitalizar" o capitalismo.

"À primeira vista, a mercadoria parece ser coisa trivial, imediatamente compreensível. Analisando-a, vê-se que ela é algo muito estranho, cheia de sutilezas metafísicas e argúcias teológicas", frisou Marx (1982, p. 79). O fetichismo não provém do valor de uso, tampouco dos fatores que determinam seu valor.

> A mercadoria é misteriosa simplesmente por encobrir as características sociais do próprio trabalho dos homens, apresentando-os como características materiais e propriedades sociais inerentes aos produtos do trabalho; por ocultar, portanto, a relação social entre os trabalhos individuais dos produtores e o trabalho total, ao refleti-la como relação social existente, à margem deles, entre os produtos do seu próprio trabalho. Através dessa dissimulação, os produtos do trabalho se tornam mercadorias, coisas sociais, com propriedades perceptíveis e imperceptíveis aos sentidos. (Marx, 1982, p. 81)

Na transição da modernidade para a pós-modernidade, a ética do capitalismo trouxe, a partir da metade do século XX, um modelo de sociedade condicionada ao consumo, em que as mercadorias dessa nova sociedade são produzidas não mais para satisfazer demandas ou necessidades, mas apenas para alimentar o processo surreal das fantasias e dos fetiches criados artificialmente pela indústria da publicidade. A cultura simbólica cristalizou-se como indústria cultural.

O conceito frankfurtiano de "indústria cultural" foi o que mais próximo conseguiu cercar os fenômenos simbólicos do século XX. A indústria cultural emanada pelas chaminés das fábricas de bens imateriais homogeneizou e pasteurizou a arte, a cultura, a filosofia, instalando, em seu lugar, a era do *kitsch*, do pastiche, do simulacro, todos adaptados para a linguagem da mercadoria.

Na nova realidade, a cultura, com a intervenção técnica e a reprodução em massa, perdeu a sua aura e passou a ser comercializada, desligando-se de sua característica de manifestação artística. Moldada eminentemente para agradar aos padrões da massa consumidora, a cultura de massa rebaixou o nível dos produtos culturais (carregados de ideologia dominante), homogeneizando e deteriorando os padrões e valores sociais.

No século XX, a indústria cultural erige enfim o signo da falsificação e da manipulação. Tudo o que a indústria cultural comunica está marcado pela patologia da realidade, isto é, foi organizado para seduzir e alvejar mercadologicamente os consumidores no nível psicológico.

Os produtos são fabricados para atender aos desejos e o "homem não é mais sujeito de sua história, encontra-se em poder de uma sociedade que o manipula a seu bel-prazer: o consumidor não é soberano, como a indústria cultural queria fazer crer, não é o seu sujeito, é o seu objeto" (Adorno, 1987, p. 30). O ser humano vira um autômato e a nova racionalidade é uma racionalidade apenas instrumental, que serve para manter o controle da própria alienação humana. O homem torna-se um ser compulsivamente vazio, perdido em meio a um território kafkiano.

Friedrich Nietzsche chegou a sugerir que, na sociedade de consumo de signos, o ser humano está preso ao regime de violência semiótica da sociedade, a uma camisa-de-força simbólica. Em seus aforismos, o homem, esta "nova criatura moral", é "um sujeito 'estetizado', na medida em que o poder agora se transformou em prazer, mas ela prenuncia a falência do velho estilo animal humano estético, que vivia seus instintos belos e bárbaros em esplêndida liberdade". Se a nova arte mercantilista é estupro e violação, como dizia Nietzsche, o "sujeito humanista haure um prazer estético perverso de uma contínua autoviolação" (Eagleton, 1993, p. 175).

Em *Dialética do esclarecimento*, obra editada em 1947, Theodor Adorno e Max Horkheimer identificam o processo capital de corrosão da cultura contemporânea e acusam a indústria cultural de ser a responsável pela mistificação das massas. Para eles,

A violência da sociedade industrial instalou-se nos homens de uma vez por todas. Os produtos da indústria cultural podem ter a certeza de que até mesmo os distraídos vão consumi-los alertamente. Cada qual é um modelo da gigantesca maquinaria econômica que, desde o início, não dá folga a ninguém, tanto no trabalho quanto no descanso, que tanto se assemelha ao trabalho. É possível depreender de qualquer filme sonoro, de qualquer emissão de rádio, o impacto que não se poderia atribuir a nenhum deles isoladamente, mas só a todos em conjunto na sociedade. Inevitavelmente, cada manifestação da indústria cultural reproduz as pessoas tais como as modelou a indústria em seu todo. (1985, p. 119)

Para Baudrillard, a nova cultura é apenas farsa, já que deixou de ser real para se tornar hiper-real. Segundo ele, a simulação é mais verdadeira do que o verdadeiro, afinal de contas, argumenta, a "presença não desaparece diante do vazio, ela desaparece diante de uma duplicação de presença que desfaz a oposição da presença e da ausência" (Baudrillard, 1996, p. 10).

O filósofo francês acredita que a sociedade chega, na pós-modernidade, ao beco sem saída da subjetividade, em que as coisas e os objetos submetem o homem a uma instância de super-representação.

Chegamos ao paradoxo de que, nessa conjuntura em que a posição de sujeito se tornou insustentável, a única posição possível é a do objeto. A única estratégia possível é a do objeto. Com isso precisamos entender não o objeto "alienado" em vias de desalienação, o objeto subjugado e reivindicando sua autonomia de sujeito, mas o objeto tal como ele desafia o sujeito, tal como ele o remete à sua posição impossível de sujeito. (Baudrillard, 1996, p. 102)

No âmago desse processo de industrialização da cultura, do esvaziamento da realidade e da verdade, da denúncia da inconsciência, do êxtase dos signos e dos sentidos, da geopolítica dos objetos, o jornalismo pós-moderno vira pó na iconosfera da publicidade e torna-se um mero instrumento da iconocracia cultural. A mais-valia da publicidade ajuda a operar a espoliação industrial das sensibilidades e das consciências, e a usurpar a racionalidade e o ideal de emancipação do homem presente na modernidade.

> A estética da violência é inerente à produção jornalística, tendo como pressuposto que a fragmentação da informação, a espetacularização do fato noticioso e sua exploração dos elementos contingenciais, no seu conjunto, são abstrações da racionalidade instrumental. (Costa, 2000, p. 153)

Por causa da publicidade, lembra Pinotti, apud Ferrés (1996, p. 34), a civilização ocidental transformou-se hoje em um ubíquo e universal supernada. Essa expressão, cunhada em 1976, traduz a "parafernália expressiva, o extravasamento de efeitos especiais, o deslumbramento dos recursos técnicos visuais e sonoros, a proliferação de figuras retóricas visuais e verbais" que servem para esconder um imenso vazio de conteúdos. "É a sociedade do supernada, do superíssimo, ou seja, do superlativo sem substantivo, do vazio, da forma sem conteúdo, do superficial sem substância" (Ferrés, 1996, p. 34).

O paradigma do jornalismo na pós-modernidade passa a evidenciar um estado de volatilidade. Os imperativos categóricos dão lugar a imperativos relativos e a epistemologia assume uma atitude de tolerância. Em lugar do modelo mítico clássico, nasce um jornalismo transgênico, já com 25 mutações diferentes.

O conceito, derrotado pela modernidade, passa a celebrar a fragmentação ubíqua e o relativismo universal. Evaporam-se os truísmos axiomáticos na era da estética da mercadoria. O que existe é uma verdade fractal essencialmente baudrillariana. A estetização da vida passa a ser o código-chave do estado da metaindústria de consumo cultural.

O consumo

Na sua forma histórica tradicional, o consumo caracterizava-se como um conjunto de processos socioculturais, em que se realizavam a apropriação e o uso de produtos materiais e espirituais, próprios das sociedades capitalistas industriais. O consumo escoava a produção da sociedade e alimentava como um dínamo a máquina do capitalismo.

Consumir significava, na epistemologia convencional, gastar, destruir, esgotar, extinguir, enfraquecer. O conceito dava sentido a um estado de transformação no processo econômico e social do capitalismo.

Hoje, entretanto, o consumo pós-moderno amplia seus significados e torna-se *per se* um projeto de racionalidade, uma forma de organização semântica do universo. Consumir, na pós-modernidade, significa possuir, apropriar, ostentar, diferenciar, revelar, estetizar.

A pós-modernidade pluralizou as formas e linguagens do consumo e passou a empreender uma ação de mutação cultural global. Derivado da mentalidade capitalista da modernidade, consumir transformou-se na celebração totêmica do livre mercado na pós-modernidade. O consumo transcende, atualmente, o processo de transformação do capital e as condições do valor de uso e do valor de troca. Estetizados, a economia, o mercado, a mercadoria e o consumo viram metáforas.

Nessa nova era, em cada objeto consumido consomem-se intrinsecamente um, dois, três ou inúmeros signos. O ato elementar do consumo deixa de ser a concretização simples de uma demanda ou de uma necessidade pontual. Consumir reveste-se de uma lógica de ubiqüidade, intensidade e oniscidade. Consumir é um processo que compreende a apreensão de signos antes, durante e após a apropriação ou o uso das mercadorias.

Um objeto carrega em si símbolos, ícones, fetiches, ideologias, fantasias, sensações, *status*, alegria, luxo, conforto etc. É imanente ao objeto hoje a sua qualidade como um bem de sentido social. Não é mais o indivíduo, em sua esfera de identidade e personalidade, que confere significação ao produto. O objeto de consumo na sociedade, o significante, já vem recoberto por um conjunto de atributos conferidos, não pelo produto, mas pela sociedade, em sua lógica de representações.

> Se compararmos o fenômeno do consumo de anúncios e o produto, iremos perceber que o volume de consumo implicado no primeiro é infinitamente superior ao do segundo. O consumo de anúncios não se confunde com o consumo de produtos. Podemos até pensar que o que menos se consome num anúncio é o produto. Em cada anúncio vende-se estilos de vida, sensações, emoções, visões de mundo, relações humanas, sistemas de classificação, hierarquia em quantidades significativamente maiores que geladeiras, roupas ou cigarros. Um produto vende-se para quem pode comprar, um anúncio distribui-se indistintamente. (Rocha, 1995, p. 27)

Em síntese, o imperativo da iconosfera é estabelecer no nível do ícone o processo de consumo. O objeto torna-se parte acessória da demanda individual. A racionalidade nesse processo associa, dessa forma, o consumo não só à satisfação, mas, sobretudo, à estética do consumo. Quando consumo, digo quem sou ou o que penso, e, mais do que isso, digo quem sou e o que penso porque consumo.

Além de um processo de apropriação e uso de signos, o consumo também se revela, portanto, um estado de poder, originário diretamente do signo poder, mas materializado pela condição do ter-poder.

O consumo transforma-se conseqüentemente no território anterior da racionalidade, da ética e da estética, em que se negociam ou se disputam os objetos processados da natureza ou da força humana. As relações sociais saem do palco da produção ou do trabalho e passam a ser realizadas previamente no terreno do signo.

> O mundo das mercadorias e seus princípios de organização, distribuição e consumação constituem uma questão fundamental para se entender o mundo atual. Por um lado, para compreender a cultura da economia, o uso de bens materiais como utilidades; por outro, para compreender a cultura e o uso de bens simbólicos como comunicadores e demarcadores de *status* social. Estas duas dimensões se imbricam em profundidade, e são por isso produzidas e reproduzidas infinitamente nas relações sociais. (Catapan & Thomé, 1999, p. 77)

A emergência de uma sociedade fundada em torno da produção e recepção de signos e objetos foi esboçada por Jean Baudrillard, em sua obra, de 1967, *A sociedade de consumo*. Para o sociólogo do simulacro, a sociedade de consumo deriva do processo de industrialização econômica e cultural que marcou os séculos XIX e XX, em meio aos estertores da modernidade.

Num olhar mais agudo que o oferecido pela Escola de Frankfurt, com Adorno, Horkheimer, mas principalmente Benjamin, e sua crítica à reprodutibilidade técnica da arte e da cultura, Jean Baudrillard antecipou os indícios do que, de forma impressionista, revelariam a civilização do consumo.

> À nossa volta, existe hoje uma espécie de evidência fantástica do consumo e da abundância, criada pela multiplicação dos objetos, dos serviços, dos bens materiais, originando como que uma categoria de mutação funda-

mental na ecologia da espécie humana. Para falar com propriedade, os homens da opulência não se encontram rodeados, como sempre acontecera, por outros homens, mas mais por objetos. O conjunto das suas relações sociais já não é tanto o laço com os seus semelhantes quanto, no plano estatístico segundo uma curva ascendente, a recepção e a manipulação de bens e de mensagens, desde a organização doméstica muito complexa e com suas dezenas de escravos técnicos até ao mobiliário urbano e toda a maquinaria material das comunicações e das atividades profissionais, até o espetáculo permanente da celebração do objeto na publicidade e as centenas de mensagens diárias emitidas pelos *mass media*; desde o formigueiro mais reduzido de quinquilharias vagamente obsessivas até os psicodramas simbólicos alimentados pelos objetos noturnos, que vêm invadir-nos nos próprios sonhos. (1995, p. 15)

Para Catapan & Thomé (1999, p. 17), a atual "ambiência do consumo contém a fenomenologia dos bens, dos objetos, dos serviços, das condutas, das relações econômicas, sociais e culturais articuladas e disponibilizadas de tal forma que organizam integralmente a vida quotidiana".

O consumidor encontra-se submerso numa imensa fantasmagoria de mercadorias expostas em feiras, *shopping centers*, verdadeiros mundos de sonhos, constantemente renovados. Os novos processos industriais oferecem oportunidade à arte, à cultura a se deslocar para a indústria e o comércio, e estes espaços se revestem de arte e cultura propalados pela publicidade, *marketing, design*, de tal modo a reproduzir a oferta infinitamente, transformada em signos. Os indivíduos obtêm, então, um leque amplo de sensações e experiências, ao mergulhar em mundo de mercadorias; no entanto nem sempre vão possuí-las ou consumi-las diretamente, mas satisfazem-se em tê-las disponíveis, apreciáveis – é a dimensão da produção e do consumo dos signos, ou seja, a produção da cultura do consumo. (1999, p. 77)

Dispensado das preocupações que o escravizavam à ética do trabalho, o homem entrega-se, na pós-modernidade, aos prazeres hedonistas do consumismo, que reorganiza os sentidos e as novas mentalidades. Sem ideologias, o homem pós-moderno tem numa espécie de consumocracia a chance de sublimar a sua importância e a irrealidade da vida pós-moderna. A estética da alienação alivia o que a ideologia hoje não mais satisfaz.

Não se trata apenas de uma colonização pela racionalidade instrumental de todos os aspectos da vida humana. Tampouco se pode falar, a esse respeito, de um papel racionalizador da tecnociência, a julgar por esses modelos e outros análogos. A reconstrução crítica da produção técnica do real, nesse sentido, como uma redução instrumental da autonomia estética ou ética do sujeito, seu desnudamento como o reino acabado da alienação humana, como se vem fazendo desde Adorno até Mumford, ficam extremamente pequenos ante a envergadura e as possibilidades de futuro que se abrem diante do simulacro científico-técnico do mundo. A produção da cultura como simulacro tecnológico suplanta amplamente a dialética da alienação e da sua superação, porque também prescinde da confrontação entre criação artística e produção instrumental, em que todas essas perspectivas críticas se basearam historicamente. (Subirats, 1989, p. 55)

O perigo maior é de que a estetização generalizada da vida aparente poderá provocar a derrisão total da verdade e da realidade. O signo artificialmente fabricado pode levar à falsificação plena da verdade, à simulação protética da realidade e à conseqüente estetização mercadológica absoluta da informação. "É a produção das aparências 'aparentes' e das 'pseudo-aparências' que mesmo sendo míticas (mas aproveitadas de formas tão reais em nosso cotidiano), absorvem várias de nossas pulsões – mistificando" (Santo Barbosa, 1995, p. 48).

Em contraponto a essa visão totalizante sobre a sociedade de consumo, e à sua mecânica na construção cultural da sociedade, Nestor Garcia Canclini, teórico latino-americano, defende que o processo de consumo é precedido, nessa sociedade pós-moderna, por uma relação de leitura crítica. O consumidor da pós-modernidade, indica Canclini, teria o poder de metabolizar o consumo, racionalizando, graças à vacina da cidadania, aos signos e seus jogos, interesses e valores semânticos. Segundo ele, vemos os processos de consumo como algo mais complexo do que a relação entre meios manipuladores e dóceis audiências (Canclini, 1995, p. 51).

Em síntese, Canclini comunga com uma facção da Escola Latino-Americana que compreende o processo de comunicação social como uma estrutura determinada pelas mediações individuais, sociais, tecnológicas e culturais. Por essa ótica, quando estabeleço *links* com a mídia, estou acompanhado e protegido pela família, escola, Igreja, pelo sindicato, pelas organizações de pertença, pelos grupos de amizade etc. Nunca estou só e nunca sou atingido de maneira frágil e desprotegida. As variáveis que constituem o ambiente social ajudam-me a digerir o universo dos signos.

Em rigor, essa corrente de pensadores procura relativar o processo de comunicação, considerando nessa relação a força do contexto individual, social e cultural (com suas denotações religiosa, familiar, política, educacional etc.), e confere, dessa forma, um poder de soberania, autonomia cognitiva e consciência do indivíduo.

A hipótese das mediações, embora estimulante, revela, entretanto, um equívoco de princípio. Ao dividir o processo de mediação com os grupos ou as instâncias culturais, a hipótese esquece que esses grupos ou instâncias culturais também são afetados pelo determinismo da mídia. A escola, a Igreja, o sindicato, a família, os amigos, o Estado são, todos, instituições integradas por indivíduos que são equivalentes ou proporcionalmente atingidos pelas imposturas da mídia. Considerar o indivíduo um ser amparado por organizações ou processos de mediação é enxergar apenas meia verdade.

As mediações não contemplam a totalidade do processo de comunicação. Os princípios da relatividade e ubiqüidade culturais, embora contenham senhas fundamentais da interação entre emissor e receptor, deixam de abarcar a profundidade e a complexidade das interações nas interações.

Os paradigmas do jornalismo

O processo de mutação dos paradigmas do jornalismo no século XX está inscrito dentro da moldura cultural das mutações dos paradigmas da era da modernidade.[6] Criado como uma convenção social diante da necessidade de difusão de informações comerciais rápidas na sociedade pré-capitalista do século XVI e para saciar o apetite da humanidade por informações e conhecimento, o jornalismo nasce, amplia-se e desenvolve-se no húmus criado pela Renascença, pelo Iluminismo e, mais tarde, pela Revolução Industrial.

Durante cerca de quatro séculos, a linguagem jornalística foi uma das tantas ferramentas intelectuais que sustentaram a dinâmica e a lógica da modernidade. O jornalismo assumiu um papel-chave na sociedade e tornou-se o código universal que contribuiu para viabilizar a profunda transformação social, econômica e política provocada pela irrupção dos paradigmas da modernidade, que reformou radicalmente a dinâmica social.

Portanto, hoje, quando os paradigmas da modernidade começam a entrar em crise a partir do século XX dando início a um processo de mutação social generalizada, o jornalismo também entra em mutação. O desmanche da civilização da Segunda Onda, a da Revolução Industrial, numa nova era provisoriamente identificada como pós-moderna,[7] implica inextricavelmente a implosão dos fenômenos e das criações que fazem parte da essência dessa era.

> O jornalismo é, sem dúvida, uma das instituições básicas do mundo moderno, surgido desta mentalidade hierárquica, seqüencial e cronológica, típica da etapa alfabética ou livresca, fase importante e chave na evolução histórica da humanidade. O discurso jornalístico é uma modalidade de discurso moderno. A pergunta que viemos arrastando é a seguinte: uma vez substituída a tecnologia do alfabeto e da imprensa pela tecnologia eletrônica, poderá subsistir esta instituição chamada jornalismo ou ela terá que submeter-se a uma reforma radical de suas essências? (Albertos, 1997, p. 37)

Ciro Marcondes Filho (2000, p. 37) observa que "não seria coerente que num momento de introdução revolucionária de técnicas de inscrição, armazenamento e reaproveitamento de informações – como é a informática – sobrevivessem derivações de outras épocas históricas".

Na modernidade, a função da linguagem jornalística foi a de distribuir, em redes capilares, a lógica e o sistema da racionalidade moderna e modernizante, arregimentando as sociedades para a nova era e galvanizando o *ethos* da sociedade de massas, da sociedade do trabalho e da sociedade do consumo.

Sem o jornalismo, a sociedade da modernidade não conseguiria estabelecer os princípios do nacionalismo, das identidades culturais, das fronteiras estéticas, da massa crítica, da formação da chamada opinião pública e dos signos da sociedade da informação. Os jornais representaram ainda o espaço da esfera pública em que se estabeleceram os diálogos e a dialética da democracia, da (ir)racionalidade, dos conflitos ideológicos, da emergência das utopias, da emancipação humanística, da socialização, da naturalização da tecnologia, da luta de classes, da industrialização e da Revolução Burguesa. O alfabeto e a mentalidade jornalística imantaram *per se* a racionalidade da sociedade burguesa, organizando um olhar orgânico e pragmático da realidade.

O jornalismo representa assim, nessa perspectiva da transição da modernidade para a pós-modernidade, o *locus* da mentalidade orgânica que caracteriza a sociedade contemporânea, marcada pela razão técnica e instrumental, pela deificação estética, pela banalização do cotidiano doméstico e pela ética do *non sense*.

A hegemonização da publicidade

A crescente hegemonização da publicidade em nossa sociedade pós-moderna é conseqüência manifesta do estado de ultraliberdade existente no espaço da pós-modernidade. A liberalização e a relativização dos princípios da economia, da política, da sociedade, da cultura e, globalmente, da liberdade, potencializados e deificados pela hegemonização do neoliberalismo,[8] autorizam a publicidade contemporânea a todo tipo de chantagem e libertinagem diante de outras linguagens. Ela se transforma numa forma pragmática da liberdade, livre para libertar, coagir, corromper, subverter, corroer, deturpar, manipular.

A estética da mercadoria torna-se a própria materialização do mercado, do liberalismo político e econômico, das estratégias de *marketing* e da ética do capital, que envolve toda a iconosfera da publicidade. À publicidade e aos publicitários, tudo é possível e tudo é permitido.

Desenvolvida para equacionar as contradições surgidas nas relações de troca (Barbosa, 1995), a publicidade, pela primazia econômica da pós-modernidade, acaba se desenvolvendo e tornando-se um dos principais sustentáculos da lógica capitalista contemporânea. A publicidade vira a espinha dorsal do sistema, do capital e da engrenagem inconsciente e coletiva que a legitima.

Dessa forma, livre para realizar a realidade, a publicidade sintetiza a materialização das aberrações da pós-modernidade, a própria ética do antiiluminismo. A estética da mercadoria e a estética das idéias denotam a marketização de uma vida pós-moderna.

Irmã gêmea da liberdade nascida com a Revolução Burguesa e consolidada na Revolução Francesa, de 1789, a linguagem jornalística é intrínseca à liberdade moderna em todas as suas conotações e, portanto, só poderia ter nascido e prosperado em um ambiente onde prosperasse também a liberdade, não só econômica e política, mas também cultural. A publicidade, por sua vez, é intrínseca à livre liberdade pós-moderna.

Fez parte da cultura do jornalismo, durante toda a modernidade, a perspectiva de ser uma estrutura de códigos que ajudasse o homem, idealística e utopicamente, a estabelecer uma nova sociedade, transformando e edenizando o universo.

No âmago da máquina industrial da informação, existia uma convenção social legitimando o direito de o jornalista proteger a sociedade como um manto. O ofício jornalístico dispunha de uma procuração da sociedade para investigar e defender os interesses da coletividade, com liberdade total. O próprio direito de liberdade de expressão, o direito à liberdade de opinião e o direito à liberdade de imprensa são conquistas da sociedade que emergem paralelamente à consolidação dos direitos de liberdade econômica e de liberdade política.

Isso tudo acaba na pós-modernidade. A liberdade moderna, constrangida pela ética da utopia e do projeto socializador, era uma liberdade cerimoniosa, com compromisso social. A ultraliberdade da era da pós-modernidade é uma energia que rompe os limites e as convenções de cavalheiros da modernidade.

O modelo niilista da pós-modernidade derrota e domina as forças que nasceram na modernidade. A racionalidade da modernidade dá lugar à irracionalidade pós-moderna.

Assim, a publicidade faz parte da ética da *plus*-liberdade da pós-modernidade. O jornalismo faz parte da ética da liberdade da modernidade.

Nesse novo jornalismo, não há mais limites, parâmetros ou referências. A linguagem incorpora, em dimensões variáveis, a densidade e a linguagem características da persuasão publicitária.

Notas

1. Essa expressão procura contemplar a associação dos valores e princípios do liberalismo de Smith, Hayek e Friedman, do regime hegemônico do livre mercado e do processo de estetização publicitária contemporânea. A união dos termos, apesar da tautologia, visa dar, mediante um artifício léxico, a devida dimensão à supraideologia da pós-modernidade, que domina e governa a sociedade apenas com o poder dos signos.

2. Estética é compreendida, nesse sentido, como percepção, sensação, segundo a origem etimológica da expressão, que vem do grego *aesthesis*.

3. O alemão Theodor Adorno (1907-1969) é o símbolo máximo da Escola de Frankfurt, filiada à Teoria Crítica. Junto com Max Horkheimer, Adorno é autor das mais profundas críticas sobre a industrialização da cultura, a mistificação do Iluminismo, o fim da arte autêntica e a coisificação do ser humano no século XX, após a emergência dos meios eletrônicos de comunicação e da cultura de massa. Para ele, a "indústria cultural" veio a instalar a irracionalidade do consumo, a estandartização dos gostos, a homogeneização dos sentidos, a alienação do homem, a inconsciência coletiva, a corrosão dos valores superiores e da moral e criou uma era em que tudo vira apenas mercadoria.

4. O francês Jean Baudrillard é um dos filósofos mais importantes da pós-modernidade. Suas obras impressionam pela originalidade de estilo e de idéias e têm abalado os círculos acadêmicos acostumados a um pensar filosófico convencional. Baudrillard é considerado o filósofo da simulação, pois suas principais obras advogam que a pós-modernidade é um espaço de virtualidade e falsificação, estando o homem preso a uma situação de farsa irremediável.

5. O alemão Friedrich Nietzsche (1844-1900) é considerado um dos mais radicais e cáusticos filósofos da pós-modernidade. A teoria nietzschiana funda-se na corrupção e na inversão de todos os valores: a verdade, o conhecimento, a metafísica, a religião. Nietzsche destrói e desconfia de todas as crenças humanas. Para ele, o homem é um ser amoral, tirano, egoísta. O cristão é um ser derrotado. Deus é uma criação imaginária dos povos fracos. Por essas idéias, Nietzsche é considerado um dos maiores iconoclastas da humanidade. O filósofo alemão procurou derrubar um a um, em suas obras, os principais paradigmas da era moderna. Partiu dele, inclusive, a afirmação de que Deus está morto.

6. Inspirado pelos ideais humanísticos e filosóficos da Renascença e da Ilustração, o projeto da modernidade foi uma tentativa frustrada de empurrar a humanidade para um novo estágio de desenvolvimento social pela equação que imaginava o progresso humano, cultural e ético, alicerçado na razão, na ciência e na tecnologia, o que acabou revelando-se equivocado.

Essa era da modernidade apresentou ao mundo o pensamento e as obras de Einstein, Darwin, Rousseau, Keynes, e parece ter atingido seu ápice quando garantiu os direitos universais da igualdade e da liberdade, por intermédio da Revolução Francesa, em 1789, e da Revolução da Independência Norte-Americana, em 1776.

Entretanto, em vez de melhorar a qualidade de vida e o bem-estar geral da humanidade, a aventura da modernidade evidenciou-se como uma profunda involução histórica. Nos séculos XIX e XX ocorreram as maiores barbáries da humanidade, como o fascismo, o nazismo, Auschwitz, Hiroshima, Chernobyl, Bopal, Ural, Tianamen, Sarajevo, além da manifestação de uma sinistra série de convulsões sociais, *crashes*, endemias, pestes, levantes, chacinas etc. Ao mesmo tempo, o projeto da modernidade está revestido hoje de um niilismo crônico, anomia, fanatismos, desencanto, fundamentalismos religiosos, amoralidade, neuroses sociais, imperialismo cultural, globalização, simulacro, pastiche, crise ética, apatia política, hedonismo, irrealidade, diversidades étnicas.

7. A pós-modernidade parece ser assim um território antiteleológico, com um profundo vazio epistemológico, ético e estético. A pós-modernidade permite a alforria da ética do mercado, que passa assim, sem mais nenhum constrangimento, a tomar conta de uma sociedade desencantada, desorganizada e fragilizada.

Numa perspectiva histórica, a pós-modernidade é o resultado dos escombros dos princípios, das matrizes e dos vetores que construíram a modernidade. É uma era dos sem-utopia, da doença das ideologias, da derrisão do homem como detentor da sua vida e do seu devir, a terra arrasada da modernidade.

Contraditoriamente, a pós-modernidade é a primeira etapa histórica sem nome próprio. Isso denota uma crise orgânica de identidade e de paradigmas, além da própria irracionalidade do seu projeto.

Para muitos, é uma época que, pelas suas cicatrizes, não pode ser nem associada à natureza da modernidade. Seria uma época sim transmoderna ou mesmo metamoderna, num contexto que dê conta da irracionalidade imanente e da conflitante perda universal de sentido.

Numa visão amarga, Alain Minc (1994, p. 5) chega a afirmar que, nesse momento, "depois de se acostumar aos piores massacres e às mais loucas ditaduras, o otimismo histórico se desfaz: encerra-se um reinado de mais de três séculos que postulara, simultaneamente, o progresso e a ordem". E questiona: "Não estaria se fechando um ciclo que, por uma aparente regressão, nos levaria a uma Nova Idade Média?" (Minc, 1994, p. 5).

8. Empregado de maneira muitas vezes equivocada, o liberalismo contemporâneo transformou-se em um conceito guarda-chuva plural. Por um lado, refém do senso comum, o termo é aplicado genericamente com tom pejorativo. Por outro lado, para algumas parcelas de capitalistas, o termo é uma referência positiva.

Francisco Vergara (1995, p. 21) lembra que existem muitas doutrinas que têm esse nome ou nomes parecidos, como o liberalismo utilitarista de Adam Smith, o liberalismo do direito natural de Turgot, o ultraliberalismo de Milton Friedman, que propõe a liberdade como critério último, e o ultraliberalismo de Bastiat, que propõe um direito natural reduzindo ao mínimo os deveres do Estado.

A espinha dorsal dessas doutrinas revela a progressiva busca da liberdade, seja econômica, seja política. A consolidação de todo o processo está na Revolução Francesa, que concretizou os ideais de igualdade e liberdade que teriam sido levados, mais tarde, para o resto da Europa e depois para todo o planeta, pelos exércitos de Napoleão Bonaparte.

Na ideologia liberal atual, denominada contemporaneamente de neoliberalismo ou liberalismo econômico, exaltam-se o mercado, a concorrência e a liberdade de iniciativa, estabelecendo-se a intervenção mínima do Estado na economia. Acelerada por Margaret Tatcher, na Inglaterra, e por Ronald Reagan, nos Estados Unidos, a ideologia neoliberal enreda hoje o mundo da cultura, da política, da economia, da ciência, da educação, da religião, da informação etc. A palavra de ordem tem sido o livre mercado, o estado mínimo e a desregulamentação.

Considerações finais

> *Como anunciar com cuidado a um jornalista que ele dispõe apenas de um pouco mais de poder sobre a informação que uma caixa de supermercado sobre a estratégia comercial de seu empregador?*
>
> SERGE HALIMI

O processo universal de ultraliberalização política e econômica e de estetização generalizada da sociedade de consumo tem provocado uma série de conseqüências diretas ou indiretas sobre a linguagem jornalística, desencadeando uma erosão capital na esfera da comunicação e da informação. Esse processo produz a liberalização e a estetização das relações sociais e culturais e a derrubada do muro que separava o jornalismo e a publicidade, desencadeando a emergência de um jornalismo cor-de-rosa, que troca o interesse público pelo interesse do capital.

A era ultraliberal e supra-estética domina a pós-modernidade e eleva a publicidade à condição de um emergente quarto poder na sociedade, que passa a determinar os discursos, as sensibilidades, as imagens, as aparências e as essências de todos os processos e as interações midiáticas e sociais.

Os indicativos desse processo foram verificados ao longo da obra por teóricos como Ramonet (1998, 1999), Bagdikian (1993), Marcondes Filho (1984, 1989, 1993, 2000), Albertos (1997), Piedrahita (1993), Baudrillard (1997), Chaparro (1998), Mamou (1992), Praktanis & Aronson (1994), Ferrer (1994, 1997), Guareschi (1987, 1991, 1998), Ribeiro (1994), Rocha (1995), Soares (1996), Correia (1997), Costa (2000), Halimi (1998), Kucinski (1993), Kurtz (1993), Mattelart (1991), Bourdieu (1997) entre outros.

A maioria desses pensadores ilumina aspectos dos estertores do jornalismo, que derivam da matriz epistemológica oferecida pelos teóricos críticos Adorno, Horkheimer, Marcuse, Benjamin, Gramsci, Althusser, Habermas, Haug, Eagleton etc. A perspectiva das interpretações indica que nessa metaindustrialização de metacultura, intrinsecamente estética, simulada, surreal, plural, difusa, o jornalismo e os novos jornais acabam sintetizando uma espécie de linguagem mercantilizada e mercadorizada, que associa contemporaneamente informação e comércio na mesma embalagem.

A publicidade obriga o jornalismo a se submeter às suas imposições, em um processo que faz parte da própria hegemonização civilizacional da estética da mercadoria, e assume um poder central e progressivamente vertical sobre a sociedade e sobre o campo da cultura e da comunicação.

A publicidade pós-moderna representa hoje, em essência, a encarnação da lógica e do processo econômico capitalista. Os financiamentos de empresas e de corporações à mídia, via publicidade, incorporaram-se à dinâmica do mercado midiático e, nisso, criou-se uma mútua dependência, parte de uma ampla cultura econômica.

Como conseqüência da ebulição de transformações da nova era, os efeitos mais genéricos das mutações dos paradigmas do jornalismo na pós-modernidade apontam para seis caminhos: a deturpação radical da verdade, a neutralização da informação, a crise da profissão jornalística, a mitificação da liberdade de imprensa, a emergência de um novo gênero jornalístico e o nascimento de um novo paradigma para o jornalismo.

Deturpação da verdade

O efeito imediato da hegemonização universal da publicidade é a ameaça à verdade. Em nome dos interesses econômicos, os jornais e os jornalistas acabam promovendo, consciente ou inconscientemente, a manipulação da informação. Logo, os fatos da realidade podem acabar sendo omitidos, mascarados ou deturpados. Nessa baudrillarização da verdade, o mais importante é não ferir os interesses do capital.

Mais do que isso, relativiza-se a própria necessidade da verdade nos jornais. Com o argumento de que a imprensa sempre apresenta uma versão e de que não existem os mitos da imparcialidade e objetividade, os jornais desenvolveram um álibi perfeito para todos os seus desvios.

Hoje, a verdade pode tornar-se uma verdade fractal. Não importa quanto mais ou menos o fato é verdadeiro, já que, pela lógica do jornalismo, as notícias têm sempre a legitimidade de ser midiaticamente credíveis.

Neutralização da informação

Na nova lógica da publicidade, a notícia não pode mais ferir interesses ou criar constrangimentos para a atividade-fim da empresa jornalística. Essencialmente, a informação precisa estar desativada. Não pode haver um risco ou ruído que perturbe a ordem natural das coisas. Além disso, toda notícia precisa ser empacotada com uma concepção estética industrial, com verniz cor-de-rosa.

Portanto, a receita contemporânea tem sido a produção de notícias *light*, favoravelmente *fait divers*, que não criem problemas para a redação e para a seção publicitária. Notícias que tratem de moda, comportamento, variedades, *lingeries*, recordes, curiosidades, novidades tecnológicas, futebol, entretenimento etc. Nada que mobilize ou faça a sociedade refletir. A racionalidade instrumental manda que a estrutura social deva ser mantida.

A informação adquire um viés de neutralidade, de eqüidistância da realidade social. É o fim da denúncia, da crítica, da reportagem investigativa, do questionamento, do editorial veemente, das pautas empolgantes.

Profissão em crise

Pesquisas e estudos de vários matizes têm revelado a queda vertiginosa da credibilidade dos jornais e o conseqüente êxodo dos leitores da mídia impressa. Embora a conjuntura desfavorável para a imprensa não seja globalmente perceptível, a opinião pública começa cada vez mais a enxergar a cortina de interesses que escondem o jornalismo.

Conseqüentemente, a profissão jornalística está perdendo prestígio e *status* social. Apesar do *glamour* e da visão perfumada da profissão passados pela mídia, as novas gerações estão deixando de optar pela carreira jornalística.

Mal-remunerados e desiludidos, os jornalistas acabam virando apenas peças de uma engrenagem com objetivos muito maiores do que informar.

A parte mais amarga é a crise de consciência permanente entre os jornalistas. Apesar de terem jurado fidelidade e compromisso à verdade e ao interesse público, esses profissionais descobrem no dia-a-dia da profissão que a lógica do mercado pode ser mais poderosa do que o juramento.

Liberdade de imprensa vira um mito

A imprensa perde cada vez mais seu papel precípuo na sociedade. As liberdades de imprensa, de informação e de expressão viram apenas testas-de-ferro para que as empresas midiáticas defendam seus interesses econômicos. A liberdade de imprensa dá lugar à liberdade de publicidade.

As páginas dos jornais caminham para liberalização total, levando a informação a ser dourada com persuasão ou entretenimento. Esvazia-se o compromisso da imprensa com a defesa dos cidadãos, do interesse público, da verdade, do Estado-nação ou do bem-comum. A nova liberdade vira uma liberdade econômica, que privilegia apenas o capital.

As empresas midiáticas lutam, inclusive, para liberalização total da liberdade de imprensa, permitindo contemporaneamente licenciosidades capitalistas não condizentes com o papel social desempenhado pela linguagem na era do liberalismo moderno. A liberdade, embora mítica, cria o mito da transliberalização: tudo passa a ser livre, menos o que possa afetar ou atingir os interesses empresariais.

O gênero cor-de-rosa

A queda do muro que separava o jornalismo da publicidade fez surgir no alvorecer do terceiro milênio uma mutação da linguagem jornalística. Ao lado dos gêneros informativo, interpretativo e opinativo, a imprensa viu nascer no século XX o gênero de jornalismo cor-de-rosa, fruto do regime de cruzamentos e relacionamentos entre o interesse público e o interesse privado.

Tal gênero de jornalismo já faz parte do cotidiano dos jornais, radiojornais, telejornais e net-jornais de todo o mundo, num reflexo da adesão incondicional da imprensa à mentalidade ultraliberal do livre mercado e da estetização da sociedade de consumo.

Ao todo, são 25 tipos diferentes de cruzamentos e relacionamentos, que condicionam a prática e os saberes do fazer jornalístico.

Novo paradigma para o jornalismo

Um novo paradigma começa a nascer no universo do jornalismo. A lógica do capital e do livre mercado vem obrigando as empresas jornalísticas a flexibilizar o conceito e o processo de *newsmaking*. A linguagem publicitária-mercadológica-liberal torna-se a quintessência da pós-modernidade e, portanto, da cultura, da economia, da política e da comunicação. A ética da estética transcende a ética e a estética e estabelece uma verdadeira patologia jornalística, que, em metástase, espalha-se pela cultura e pela sociedade da comunicação e da informação.

Cria-se um jornalismo pautado apenas pela estética da mercadoria, do *marketing* e do ultralivre mercado, distanciado dos dias e das preocupações éticas que originaram o ideal da linguagem.

Referências bibliográficas

ACOSTA, Maria José. La historia de la comunicación social en el ámbito universitario: fundamentos y problemas. In: *Comunicación y Sociedad*. Ediciones Universidade de Navarra, 1997, vol. X, n. 2.

ADORNO, Theodor. A indústria cultural. In: COHN, Gabriel. *Comunicação e indústria cultural*. São Paulo: Cia Ed. Nacional-Edusp, 1987.

ADORNO, Theodor & HORKHEIMER, Max. *Dialética do esclarecimento: fragmentos filosóficos*. Rio de Janeiro: Zahar, 1985.

ALBERTOS, José L. Martínez. *El ocaso del periodismo*. Barcelona: Editorial CIMS, 1997.

ALBERT, P. & TERROU, F. *História da imprensa*. São Paulo: Martins Fontes, 1990.

ALTHUSSER, Louis. *Aparelhos ideológicos do Estado*. Rio de Janeiro: Graal, 1985.

AMARAL, Luiz. *A objetividade jornalística*. Porto Alegre: Sagra-Luzzatto, 1996.

AZEVEDO, Vera Bueno de. Para Nizan, publicidade é coisa banal. *Folha de S.Paulo*, 30 out. 1995, p. 2.5.

BAGDIKIAN, Ben. *O monopólio da mídia*. São Paulo: Página Aberta, 1993.

BARBOSA, Ivan Santo. Propaganda e significação: do conceito à inscrição psicocultural. In: CORREA, Tupã Gomes (org.). *Comunicação para o mercado*. São Paulo: Edicon, 1995.

BAUDRILLARD, Jean. *A sociedade de consumo*. Rio de Janeiro: Elfos, 1995.

_____. *As estratégias fatais*. São Paulo: Rocco, 1996.

_____. *A transparência do mal: ensaio sobre os fenômenos extremos*. Campinas: Papirus, 1990.

_____. *Tela total: mitos-ironias da era do virtual e da imagem*. Porto Alegre: Sulina, 1997.

BOURDIEU, Pierre. *Sobre a televisão: seguido de A influência do jornalismo e os Jogos Olímpicos*. Rio de Janeiro: Zahar, 1997.

CÁDIMA, Francisco Rui. *História e crítica da comunicação*. Lisboa: Edições Século XXI, 1996.

CALLIGARIS, Contardo. O vazio da informação. *Folha de S. Paulo*, 12 jun. 1998, p. 5.12.

CANCLINI, Nestor García. *Consumidores e cidadãos: conflitos multiculturais da globalização*. Rio de Janeiro: Editora da UFRJ, 1995.

CATAPAN, Araci Hack & THOMÉ, Zeina Rebouças Corrêa. *Trabalho & consumo: para além dos parâmetros curriculares*. Florianópolis: Insular, 1999.

CHAPARRO, Manuel Carlos. *Sotaques d'aquém e d'além mar: percursos e gêneros do jornalismo português e brasileiro.* Santarém: Jortejo, 1998.

CORREIA, Fernando. *Os jornalistas e as notícias.* Lisboa: Editorial Caminho, 1997.

COSTA, Belarmino Cesar Guimarães da. *Estética da violência.: jornalismo e produção de sentidos.* Tese de Doutoramento, Unicamp, 2000.

COSTELLA, Antonio. *Comunicação: do grito ao satélite.* São Paulo, Mantiqueira, 1984.

DE FLEUR, Melvin & BALL-ROKEACH, Sandra. *Teorias da comunicação de massa.* Rio de Janeiro: Zahar, 1993.

DIÁRIO Popular vende espaço jornalístico. Jornal *Folha da Tarde*, 8 set. 1994.

DINES, Aberto, VOGT, Carlos & MARQUES DE MELO, José. *A imprensa em questão.* Campinas: Unicamp, 1997.

DURANDIN, Guy. *La mentira en la propaganda política y en la publicidad.* Barcelona: Paidós, 1995.

EAGLETON, Terry. *A ideologia da estética.* Rio de Janeiro: Zahar, 1993.

FERRER, Eulálio. *El lenguaje de la publicidad.* México: Fondo de Cultura Económica, 1994.

_____. *Información y comunicación.* México: Fondo de Cultura Económica, 1997.

FERRÉS, Joan. *Televisão e educação.* Porto Alegre: Artes Médicas, 1996.

FINOTTI, Ivan. *Folha de S. Paulo*, 28 nov. 1998, p. 4.11.

FUKUYAMA, Francis. *O fim da história e o último homem.* Lisboa: Gradiva, 1992.

GIOVANNINI, Giovani. *Evolução na comunicação: do sílex ao silício.* Rio de Janeiro: Nova Fronteira, 1987.

GONÇALVES, Claudinê. Toscani ataca a mentira na publicidade. *Folha de S. Paulo*, 16 fev. 1995.

GUARESCHI, Pedrinho et al. *Comunicação e controle social.* Petrópolis: Vozes, 1991.

GUARESCHI, Pedrinho. *Comunicação e poder: a presença e o papel dos meios de comunicação de massa estrangeiros na América Latina.* Petrópolis: Vozes, 1987.

_____. *Sociologia crítica.* Porto Alegre: Mundo Jovem, 1998.

HABERMAS, Jürgen. *Mudança estrutural da esfera pública.* Rio de Janeiro: Tempo Brasileiro, 1984.

HALIMI, Serge. *Os novos cães de guarda.* Petrópolis: Vozes, 1998.

HAUG, Wolfgang Fritz. *Crítica da estética da mercadoria.* São Paulo: Unesp, 1997.

KUCINSKI, Bernardo. *A síndrome da antena parabólica: ética no jornalismo brasileiro.* São Paulo: Fundação Perseu Abramo, 1993.

KUNCZIK, Michael. *Conceitos de jornalismo: norte e sul.* São Paulo: Edusp, 1997.

KURTZ, Howard. *Media Circus: the trouble with America's newspaper.* Estados Unidos: Times Books, 1993.

LAGE, Beatriz & MILONE, Paulo. *Propaganda e economia para todos.* São Paulo: Summus, 1994.

LE MONDE. www.observatoriodaimprensa.com.br, 6/10/97.

LINS DA SILVA, Carlos Eduardo. *O adiantado da hora.* São Paulo: Summus, 1991.

LUSTOSA, Elcias. *O texto da notícia.* Brasília: UnB, 1996.

MAMOU, Yves. *A culpa é da imprensa: ensaio sobre a fabricação da informação.* São Paulo: Marco Zero, 1992.

MARCONDES FILHO, Ciro. *Comunicação & sociedade: a saga dos cães perdidos.* São Paulo: Hacker, 2000.

_____. Imprensa e capitalismo. In: MARCONDES FILHO, Ciro (org.). *Imprensa e capitalismo.* São Paulo: Kairos, 1984.

_____. *Jornalismo fin-de-siècle.* São Paulo: Página Aberta, 1993.

_____. *O capital da notícia: jornalismo como produção social da segunda natureza.* São Paulo: Ática, 1989.

_____. *Sociedade tecnológica.* São Paulo: Scipione, 1994.

MARQUES DE MELO, José & QUEIROZ, Adolpho. *Identidade da imprensa brasileira no final do século: das estratégias comunicacionais aos enraizamentos e às ancoragens culturais.* São Bernardo do Campo: Umesp, 1998.

MARTIN, Henri-Jean. A imprensa. In: WILLIAMS, Raymond (org.). *Historia de la comunicación.* Barcelona: Bosch Comunicación, 1992.

MARX, Karl. *O capital.* São Paulo: Difel, 1982, tomo1.

MATTELART, Armand. *La publicidad.* Barcelona: Paidós Comunicación, 1991.

MATTOS, Sérgio. *A história da TV.* Salvador: A Tarde, 1990.

MEDINA, Cremilda. *Notícia, um produto à venda: jornalismo na sociedade urbana e industrial.* São Paulo: Alfa-Ômega, 1978.

MCLUHAN, Herbert Marshall. *Os meios de comunicação como extensões do homem.* São Paulo: Cultrix, 1964.

MINC, Alain. *A nova Idade Média.* São Paulo: Ática, 1994.

NOELLE-NEUMAN, Elisabeth. *A espiral do silêncio.* México: Bosch, 1973.

PIEDRAHITA, Manuel. *Jornalismo moderno: história, perspectivas e tendências rumo ao ano 2000.* Lisboa: Plátano, 1993.

_____. *Periodismo impreso, audiovisual y electrónico del siglo XXI.* Madri: Editorial Universitas, 1998.

PINHO, J. B. *Comunicação em marketing: princípios da comunicação mercadológica.* Campinas: Papirus, 1991.

PRAKTANIS, Anthony & ARONSON, Elliot. *La era de la propaganda: uso y abuso de la persuasión.* Barcelona: Paidós, 1994.

RAMONET, Ignacio. *A tirania da comunicação.* Petrópolis: Vozes, 1999.

_____. *Geopolítica do caos.* Petrópolis: Vozes, 1998.

RIBEIRO, Jorge Cláudio. *Sempre alerta: condições e contradições do trabalho jornalístico.* São Paulo: Brasiliense, 1994.

ROCHA, Everardo Guimarães. *Magia e capitalismo: um estudo antropológico da publicidade.* São Paulo: Brasiliense, 1995.

SAMPAIO, Rafael. *Propaganda de A a Z: como usar a propaganda para construir marcas e empresas de sucesso.* Rio de Janeiro: Campus, ABP, 1995.

SANCHEZ, Fernando Conesa. *La libertad de la empresa periodística.* Pamplona: Ediciones Universidade de Navarra, 1978.

SANTOS, Milton. Qual o principal pecado da imprensa hoje? *Folha de S. Paulo,* 9 mar. 1997, p. 5.5.

SMITH, A. *Goodbye Gutenberg: la revolución del periodismo electrónico*. Barcelona: Editorial Gustavo Gili, 1983.

SNOW, Nancy. *Propaganda, inc. Selling America's culture to the world.* Nova York: Greg Ruggiero e Stuart Sahulka, 1998.

SOARES, Ismar de Oliveira. *Sociedade da informação ou da comunicação?* São Paulo: Cidade Nova, 1996.

STAPLER, Harry. The one-sentence/Long sentence habit of writing leads and how it hurts readership. Estados Unidos: *Newspaper Research Journal*, vol. 7, nº 1, outono, 1985/17.

STEPHENS, Mitchell. *História das comunicações: do tantã ao satélite*. Rio de Janeiro: Civilização Brasileira, 1993.

SUBIRATS, Eduardo. *A cultura como espetáculo*. São Paulo: Nobel, 1989.

THOMPSON, John B. *A mídia e a modernidade: uma teoria social da mídia*. Petrópolis: Vozes, 1998.

TOSCANI, Oliveiro. *A publicidade é um cadáver que nos sorri*. Rio de Janeiro: Ediouro, 1996.

TUCHMAN, Gaye. *La producción de la noticia: estudio sobre la construcción de la realidad*. Barcelona: Editorial Gustavo Gili, 1983.

VERGARA, Francisco. *Introdução aos fundamentos filosóficos do liberalismo*. São Paulo: Nobel, 1995.

WILLIAMS, Raymond. *Historia de la comunicación*. Barcelona: Bosch, 1992.

Leandro da Rosa Marshall

É natural de Santa Maria (RS), tem 36 anos, é casado, atua há 15 anos em jornalismo no Rio Grande do Sul.

Graduou-se em jornalismo em 1986, na Universidade Federal de Santa Maria (UFSM), fez curso de especialização em comunicação social na Universidade de Passo Fundo em 1996, e concluiu mestrado na Universidade Metodista de São Paulo, em 2000.

Foi jornalista da RBS TV e do jornal *Correio do Povo* e assessor de imprensa em várias entidades, em Porto Alegre.

É professor das disciplinas de Teoria da Comunicação I e II, de Videotexto, de Ética e de Jornalismo Sindical nos cursos de jornalismo, radialismo e publicidade, na Universidade de Passo Fundo, onde leciona desde 1996.

Desenvolve pesquisas nas áreas da estética, da comunicação e da cibercultura. Tem participado dos principais congressos e eventos acadêmicos da comunicação no Brasil e no Rio Grande do Sul.

Foi professor homenageado pelos formandos do curso de radialismo em 2000 e orientador da aluna Cristina Spannenberg, vencedora do 1º lugar no Prêmio Intercom – 2000 para a melhor monografia de jornalismo do país.

Conquistou o 1º lugar no Prêmio da Associação Riograndense de Imprensa (ARI), em 1991, por reportagem desenvolvida no jornal *Correio do Povo*.

NOVAS BUSCAS EM COMUNICAÇÃO
VOLUMES PUBLICADOS

1. *Comunicação: teoria e política* — José Marques de Melo.
2. *Releasemania — uma contribuição para o estudo do press-release no Brasil* — Gerson Moreira Lima.
3. *A informação no rádio — os grupos de poder e a determinação dos conteúdos* — Gisela Swetlana Ortriwano.
4. *Política e imaginário nos meios de comunicação para massas no Brasil* — Ciro Marcondes Filho (organizador).
5. *Marketing político e governamental — um roteiro para campanhas políticas e estratégias de comunicação* — Francisco Gaudêncio Torquato do Rego.
6. *Muito além do Jardim Botânico — um estudo sobre a audiência do Jornal Nacional da Globo entre trabalhadores* — Carlos Eduardo Lins da Silva.
7. *Diagramação — o planejamento visual gráfico na comunicação impressa* — Rafael Souza Silva.
8. *Mídia: o segundo Deus* — Tony Schwartz.
9. *Relações públicas no modo de produção capitalista* — Cicilia Krohling Peruzzo.
10. *Comunicação de massa sem massa* — Sérgio Caparelli.
11. *Comunicação empresarial/comunicação institucional — Conceitos, estratégias, planejamento e técnicas* — Francisco Gaudêncio Torquato do Rego.
12. *O processo de relações públicas* — Hebe Wey.
13. *Subsídios para uma Teoria da Comunicação de Massa* — Luiz Beltrão e Newton de Oliveira Quirino.
14. *Técnica de reportagem — notas sobre a narrativa jornalística* — Muniz Sodré e Maria Helena Ferrari.
15. *O papel do jornal — uma releitura* — Alberto Dines.
16. *Novas tecnologias de comunicação — impactos políticos, culturais e socioeconômicos* — Anamaria Fadul (organizadora).
17. *Planejamento de relações públicas na comunicação integrada* — Margarida Maria Krohling Kunsch.
18. *Propaganda para quem paga a conta — do outro lado do muro, o anunciante* — Plinio Cabral.
19. *Do jornalismo político à indústria cultural* — Gisela Taschner Goldenstein.
20. *Projeto gráfico — teoria e prática da diagramação* — Antonio Celso Collaro.
21. *A retórica das multinacionais — a legitimação das organizações pela palavra* — Tereza Lúcia Halliday.
22. *Jornalismo empresarial* — Francisco Gaudêncio Torquato do Rego.
23. *O jornalismo na nova república* — Cremilda Medina (organizadora).
24. *Notícia: um produto à venda — jornalismo na sociedade urbana e industrial* — Cremilda Medina.
25. *Estratégias eleitorais — marketing político* — Carlos Augusto Manhanelli.

26. *Imprensa e liberdade* — *os princípios constitucionais e a nova legislação* — Freitas Nobre.
27. *Atos retóricos* — *mensagens estratégicas de políticos e igrejas* — Tereza Lúcia Halliday (organizadora).
28. *As telenovelas da Globo* — *produção e exportação* — José Marques de Melo.
29. *Atrás das câmeras* — *relações entre cultura, Estado e televisão* — Laurindo Lalo Leal Filho.
30. *Uma nova ordem audiovisual* — *novas tecnologias de comunicação* — Cândido José Mendes de Almeida.
31. *Estrutura da informação radiofônica* — Emilio Prado.
32. *Jornal-laboratório* — *do exercício escolar ao compromisso com o público leitor* — Dirceu Fernandes Lopes.
33. *A imagem nas mãos* — *o vídeo popular no Brasil* — Luiz Fernando Santoro.
34. *Espanha: sociedade e comunicação de massa* — José Marques de Melo.
35. *Propaganda institucional* — *usos e funções da propaganda em relações públicas* — J. B. Pinho.
36. *On camera* — *o curso de produção de filme e vídeo da BBC* — Harris Watts.
37. *Mais do que palavras* — *uma introdução à teoria da comunicação* — Richard Dimbleby e Graeme Burton.
38. *A aventura da reportagem* — Gilberto Dimenstein e Ricardo Kotscho.
39. *O adiantado da hora* — *a influência americana sobre o jornalismo brasileiro* — Carlos Eduardo Lins da Silva.
40. *Consumidor versus propaganda* — Gino Giacomini Filho.
41. *Complexo de Clark Kent* — *são super-homens os jornalistas?* — Geraldinho Vieira.
42. *Propaganda subliminar multimídia* — Flávio Calazans.
43. *O mundo dos jornalistas* — Isabel Siqueira Travancas.
44. *Pragmática do jornalismo* — *buscas práticas para uma teoria da ação jornalística* — Manuel Carlos Chaparro.
45. *A bola no ar* — *o rádio esportivo em São Paulo* — Edileuza Soares.
46. *Relações públicas: função política* — Roberto Porto Simões.
47. *Espreme que sai sangue* — *um estudo do sensacionalismo na imprensa* — Danilo Angrimani.
48. *O século dourado* — *a comunicação eletrônica nos EUA* — S. Squirra.
49. *Comunicação dirigida escrita na empresa* — *teoria e prática* — Cleuza G. Gimenes Cesca.
50. *Informação eletrônica e novas tecnologias* — María-José Recoder, Ernest Abadal, Luís Codina e Etevaldo Siqueira.
51. *É pagar para ver* — *a TV por assinatura em foco* — Luiz Guilherme Duarte.
52. *O estilo magazine* — *o texto em revista* — Sergio Vilas Boas.
53. *O poder das marcas* — J. B. Pinho.
54. *Jornalismo, ética e liberdade* — Francisco José Karam.
55. *A melhor TV do mundo* — *o modelo britânico de televisão* — Laurindo Lalo Leal Filho.

56. *Relações públicas e modernidade — novos paradigmas em comunicação organizacional* — Margarida Maria Krohling Kunsch.
57. *Radiojornalismo* — Paul Chantler e Sim Harris.
58. *Jornalismo diante das câmeras* — Ivor Yorke.
59. *A rede — como nossas vidas serão transformadas pelos novos meios de comunicação* — Juan Luis Cebrián.
60. *Transmarketing — estratégias avançadas de relações públicas no campo do marketing* — Waldir Gutierrez Fortes.
61. *Publicidade e vendas na Internet — técnicas e estratégias* — J. B. Pinho.
62. *Produção de rádio — um guia abrangente da produção radiofônica* — Robert McLeish.
63. *Manual do telespectador insatisfeito* — Wagner Bezerra.
64. *Relações públicas e micropolítica* — Roberto Porto Simões.
65. *Desafios contemporâneos em comunicação — perspectivas de relações públicas* — Ricardo Ferreira Freitas, Luciane Lucas (organizadores).
66. *Vivendo com a telenovela — mediações, recepção, teleficcionalidade* — Maria Immacolata Vassallo de Lopes, Silvia Helena Simões Borelli e Vera da Rocha Resende.
67. *Biografias e biógrafos — jornalismo sobre personagens* — Sergio Vilas Boas.
68. *Relações públicas na internet — Técnicas e estratégias para informar e influenciar públicos de interesse* — J. B. Pinho.
69. *Perfis — e como escrevê-los* — Sergio Vilas Boas.
70. *O jornalismo na era da publicidade* — Leandro Marshall.
71. *Jornalismo na internet* – J. B. Pinho.

IMPRESSO NA
sumago gráfica editorial ltda
rua itauna, 789   vila maria
02111-031   são paulo   sp
telefax 11 **6955 5636**
sumago@terra.com.br

GRÁFICA sumago

— — — — — — — — — dobre aqui — — — — — — — — —

Carta-resposta
2146/83/DR/SPM
Summus Editorial Ltda.
CORREIOS

CARTA-RESPOSTA
NÃO É NECESSÁRIO SELAR

O SELO SERÁ PAGO POR

grupo editorial **summus**

AVENIDA DUQUE DE CAXIAS
214-999 São Paulo/SP

— — — — — — — — — dobre aqui — — — — — — — — —

O JORNALISMO NA ERA DA PUBLICIDADE

CADASTRO PARA MALA-DIRETA

Recorte ou reproduza esta ficha de cadastro, envie completamente preenchida por correio ou fax, e receba informações atualizadas sobre nossos livros.

Nome: _____ Empresa: _____

Endereço: ☐ Res. ☐ Coml. _____ Bairro: _____

CEP: _____ - _____ Cidade: _____ Estado: _____ Tel.: ( ) _____

Fax: ( ) _____ E-mail: _____ Data de nascimento: _____

Profissão: _____ Professor? ☐ Sim ☐ Não Disciplina: _____

1. Você compra livros:
☐ Livrarias ☐ Feiras
☐ Telefone ☐ Correios
☐ Internet ☐ Outros. Especificar: _____

2. Onde você comprou este livro? _____

3. Você busca informações para adquirir livros:
☐ Jornais ☐ Amigos
☐ Revistas ☐ Internet
☐ Professores ☐ Outros. Especificar: _____

4. Áreas de interesse:
☐ Educação ☐ Administração, RH
☐ Psicologia ☐ Comunicação
☐ Corpo, Movimento, Saúde ☐ Literatura, Poesia, Ensaios
☐ Comportamento ☐ Viagens, *Hobby*, Lazer
☐ PNL (Programação Neurolingüística)

5. Nestas áreas, alguma sugestão para novos títulos? _____

6. Gostaria de receber o catálogo da editora? ☐ Sim ☐ Não

7. Gostaria de receber o Informativo Summus? ☐ Sim ☐ Não

Indique um amigo que gostaria de receber a nossa mala direta

Nome: _____ Empresa: _____

Endereço: ☐ Res. ☐ Coml. _____ Bairro: _____

CEP: _____ - _____ Cidade: _____ Estado: _____ Tel.: ( ) _____

Fax: ( ) _____ E-mail: _____ Data de nascimento: _____

Profissão: _____ Professor? ☐ Sim ☐ Não Disciplina: _____

summus editorial
Rua Itapicuru, 613 – 7º andar 05006-000 São Paulo – SP Brasil Tel.: (11) 3872 3322 Fax (11) 3872 7476
Internet: http://www.summus.com.br e-mail: summus@summus.com.br

cole aqui